新しいＰＲの教科書

ソーシャル時代に求められる「知」と「技」

PUTTING THE PUBLIC BACK IN PUBLIC RELATIONS:
HOW SOCIAL MEDIA IS REINVENTING THE AGING BUSINESS OF PR
by Brian Solis and Deirdre Breakenridge

序文にかえて

『アップルとシリコンバレーで学んだ賢者の起業術』著者
ガイ・カワサキ

序文は、その道の権威に本の賛辞を長々と述べてほしくて頼むのが常である。しかし、新しいPRを論じた本書に、ありきたりの序文はふさわしくない。だから敢えて、この「ツイッター時代」にぴったりの書き方をさせてもらう。

マーケティング、PRに携わる諸君に告ぐ！

@briansolis と@dbreakenridge のふたりによる新作は必読だ。

これを読んで、PRをあるべき姿に戻そう！

パートIII　失敗しないソーシャルメディア活用法

パートⅤ　挑戦は続く

はじめに
PRの常識が変わった！

ＰＲは今、急速に変わりつつある。これまで使われてきた戦略では効果が出なくなっている。しかし企業の大半は、その現実を受け入れようとしていない。

ＰＲの大転換をもたらした原因は、ウェブのソーシャル化だ。ソーシャルメディアによって、メディアの勢力図は様変わりした。これまでは情報を受けとり広めるだけだった人々が、自らコンテンツを作り、マスメディアの専売特許だった情報発信の構図を変えた。今や誰もが、自分の考え、意見、知識を世界に向けて発信できる。そしてその声は、往々にして、著名なジャーナリストや専門家の意見と同等の影響力を持つ。

こうして、ごく普通の人々が世の中に影響力を及ぼすインフルエンサーになれる力を手にしたことで、ＰＲ関係者やマーケターはソーシャルツールを取り入れざるをえなくなった。

しかし、ソーシャルメディアという新しい世界とどう付き合っていけばいいのかを理解し、うまく使いこなせている人はごくわずかである。

一般的に、企業は保守的である。迅速に行動を起こすことを好まず、変化に抗おうとする。目の前でメディアの勢力図が大幅に変わりつつあっても、だ。企業幹部の多くは未だに、ブログやソーシャルネットワークのことを「自意識過剰な人が自己を表現する場」だと思っている。と同時に、情報を操作する力が企業側になくなり、「集合知」の影響力が増すことを恐れている。

現実には、企業に情報を操作する力はもうない。消費者は複数のソーシャルメディアを駆使して、自分の好きな製品やサービスについて自由自在に語り合っている。消費者の関心を集めたいなら、ネットワークに参加するしか道はない。

こんなふうに考えてみてほしい。「新たなチャネルの使い方を学べば、自分も影響力を及ぼす側になれる」と。実際、ネットワークへの参加には、次のような意義がある。

参加することで、マーケティングできる。
参加することで、ブランディングできる。
参加することで、影響力を生み出せる。

ソーシャルメディアに参加して有意義な情報やアドバイスを提供すれば、あなたも、あなたが代弁する会社のイメージもアップする。何より、参加することで顧客ロイヤルティが生まれやすくなる。

企業やＰＲ関係者にとって、顧客ロイヤリティほど大きな資産はない。

パートⅠ

新時代のＰＲとは

1 PRの何が、どう変わったのか

この業界は今、急速に変わりつつある。新たなテクノロジーが使われるようになり、市場力学は変わり、消費者は自らの要求を声高に訴える力を持つようになった。インフルエンサーや個々の消費者に声を届けるルールやチャネルも変わりつつある。

そんなPR業界に求められる姿勢は、「今のPRのどこが悪いのか?」ではなく、「変化の激しいこの時代に、PRの効果を高めるためにできることはないか?」である。そうすれば、未来が見えてくる。人とのつながりを通じて、自分の経験や価値、ブランドを高める方法や、ブランドにプラスになるソーシャルメディアとの付き合い方も見えてくる。

メディアのソーシャル化に伴い、従来とは違うPR、すなわちPR2・0が登場し、何十年も変わらなかったPRに対する考え方を変えざるをえなくなった。まずは、PRがどんな理由でどのように変わったか、そして今なおどのように変わりつつあるのかを検証していきたい。

ＰＲ業界の関係者が考える「よいＰＲ」とは次のようなものだ。

●第三者から「最も信頼できるマーケティング活動の一つ」と認められる。
●コミュニケーションを円滑にし、メディア、ブロガー、アナリスト、インフルエンサー、消費者との信頼関係を強固にする。
●人々の意見を変えるだけの影響力を持ち、露出の機会を増やし、肯定的なイメージやよい評判を生む。
●存在感があり、ブランドへの信頼や共感を高める。
●人々に何らかの反応や行動を起こさせる。

市場やインターネット技術や情報の伝え方がどのように変化しても、ここにあげたようなＰＲのよさをどう出すかを第一に考えねばならない。テクノロジーが革命的に進歩している今、ＰＲはマーケティング最大の武器になれるからだ。

効果が出ない二〇の理由

しかしその前に、ＰＲ業界の問題点を確認しておこう。問題を把握して解決策を出し合えば、一緒に前進できる。前に進めば、消費者と意義ある対話ができる企業が増え、ブランドロイヤルティが高まる。

メディアがソーシャル化して以来、「PRには効果がない」「PRと聞いただけで苦々しい気持ちになる経営者が多い」といった批判の記事や書籍、ブログの投稿やコメントはあとをたたない。たとえばガイ・カワサキ。PRの第一人者で投資家でもある彼は、八〇年代にアップルで活躍し、マーケティングに「伝道《エヴァンジェリズム》」という概念を持ち込んだ人物だが、自身のブログに「PRが成功しない一〇の理由」という記事を書いて論争を呼んだ。内容は次のとおりだ（PR会社ゼーブル・フィッシャーが運営するサイト「ThePRSite」を参照してリストアップされたもの）。

①クライアントがパブリシティ展開の流れを理解していないから。
②PR会社とクライアントの間で、作業範囲を細部まで取り決めていないから。
③クライアントがメディアとのコミュニケーションのとり方をわかっていないから。
④クライアントとPR担当（PR会社）の相性がよくないから。
⑤成果を急ぐあまり、結果が出ないと早々に契約を打ち切ってしまうから。
⑥パブリシティを得やすい媒体をクライアントに説明していないから。
⑦パブリシティを得るよりも、得た後に起こることのほうが重要な場合もあることを、クライ

アントが認識していないから。
⑧クライアントがアピールポイントを変えたがらないから。
⑨メディアの報道が少しでも不正確だったり、希望どおりの内容でなかったりすると、クライアントが不機嫌になるから。
⑩メディアに合わせてスケジュールを調整することを、クライアントが嫌がるから。

しかし、これらの問題点に対処したとしても、残念ながら業界に蔓延する悪しきＰＲがすべてなくなりはしない。

現状をより正確に分析しているのは、シリコンバレーの起業家デーヴ・マックルーアだ。彼は自身のブログで、ＰＲの効果が現れない理由を次の六つにまとめている。

①ＰＲ会社がＰＲ対象の製品や技術を理解していないから。
②クライアントがＰＲ会社のことを、お偉方（ＣＥＯ、ＣＴＯ、顧問）を動かす（抑える）ためのコマ、あるいは上層部への連絡窓口としか思っていないから。
③ＰＲ会社がブロガーとのコミュニケーションのとり方や、ソーシャルメディアを使ったコミュニケーションのとり方を知らないから。

④オンラインメディアやオンラインチャネルが多数あるにもかかわらず、ＰＲ会社が付き合いのある大手メディアを利用したがるから。
⑤ＰＲ会社が、ＳＥＯ（サーチエンジン最適化）やＳＥＭ（サーチエンジンマーケティング）、ウィジェット、ブログ、タグ、ソーシャルネットワーク、画像、動画など、オンラインで話題を普及させるための手法やツールについて理解していないから。
⑥「テクミーム（TechMeme）」が何のことかわかるＰＲ関係者がほとんどいないから（「テクミーム」とは、テクノロジー関連のニュースで最も話題にされているものを集めて提供するアグリゲーションサイト。マックルーアは、ＰＲ業界には自分の仕事に関係の深い業界の進化についていこうとしない人が多い、と指摘しているのだ）。

さらに、数名の名だたるインフルエンサーにＰＲの効果が現れない理由について尋ねたところ、フォレスター・リサーチ社のアナリストだったジェレマイア・オーヤングが、自身のブログ（www.web-strategist.com）で回答してくれた。要約すると次のようになる。

①対話と独り言の違いがきちんと理解されていない：市場は双方向の対話で成り立つものであり、一方的にメッセージを投げかけるものではないと私は思う。対話が起これば、自然とコミュニティが形成され、信頼（または疑惑）が形成される。

②マーケティングはストーリーを語るものであって、プレスリリースで味気ない事実を発信することではない：ただ単に事実（いつ、何を、どこで）を伝えるのではなく、ストーリーを伝え、人々との交流を図り、「一人の人間」として振る舞う——それがマーケティングでありコミュニケーションである。

③招待する相手、メッセージを送る相手に一般消費者を含めていない：私はこれまでPR関連のイベントに数えきれないほど参加してきたが、PR会社は「影響力のある人」の歓迎や招待を忘れている。ここで言う「影響力のある人」とは、ソーシャルメディアを使ってイベントのことを語り、対話を生む助けとなってくれる人々のことだ。主なメディアを招待するのは当たり前だが、これからはアナリストや評論家だけでなく、消費者もメディアの役割を担っていることを忘れてはならない。かつて私は「プロのアナリストとブログをやっている消費者のどちらを信用すべきか？」という問いを投げかけて散々な目に遭った。

④社内でPRを担当する部署が複数ある（PRを正しく認識していない証拠）：PRはもはや、PR会社や企業の広報だけが行うものではない。これからは、さまざまな団体や個人の声が消費者に届くようになる。何の話をしているかわからない人は、ブライアン・オーバーカーが提唱する「エッジワーク」という概念をまずは知ってほしい（「エッジワーク」は、インフルエンサーや市場との双方向の対話を念頭においた活動全般を表す言葉。ソーシャルメディアを使ったマーケティングと製品開発を専門とするマーケティングコンサルタント、ブライ

アン・オーバーカーの造語である)。

以上、ＰＲの問題点を合計二〇あげた。これらを克服すれば、ＰＲそのものも、ＰＲに対する印象も、確実によい方向へと変わるだろう。

ＰＲを
ＰＲせよ

ＰＲに関する不満や議論、ＰＲの先行きを案じる人たちとの会話などはいずれも貴重である。問題点の指摘があるからこそ、改善策が提案できる。車の運転だってそうだ。運転が下手だと自認していなくても、一般道や高速道路は下手なドライバーで溢れている。

とはいえ、いくら改善策が出されても、それだけでは何の変化も生まれない。少しでも改善すべくつねに意識することで初めて、これまでとは違ったものの見方や考え方ができるのだ。それを踏まえたうえで、次の対策を読んでほしい。

●出社することと仕事をすることは別だ。社員であることに甘えてはいけない。

●何かをＰＲするときは、それが消費者にどんな意義を持つか、時間をかけてじっくり考える。それも、一人ひとりが自分の時間を使って。ここが、意味のないＰＲとよいＰＲの分かれ目となる。

●自分の顧客は誰で、彼らはどこへ情報を求めに行くのかを割り出す。そうすれば、PRは必然的に販売戦略の役割も担える。まずは「どういう人がいるところに行きたいか」を定めてから、その人たちが情報収集している場所を探しはじめるとよい。

●ブログ、雑誌、新聞、掲示板、ニュースレターなど、顧客がすすんで読んでいるものに目を通し、彼らの関心をひく伝え方を研究する。同じ経験や痛み、欲求を持つ人ごとの層に分けられるが、その内容はさまざまだ。顧客と同じものに目を通して理解を深め、つながりを強めよう。

●一方的なメッセージですべてを語ろうとせず、各市場のニーズに応じた会話を心がける。また、商品の売り込みに夢中になったり、宣伝文句を何度も繰り返したりしないこと。

●従来のPR手法は今でも有効だが、ソーシャルメディアへの参加と活用も不可欠だ。ただし、最初はマーケターとしてではなく一個人として参加すること。

●トップダウン方式で「メッセージ」を広めるPRキャンペーンは、ソーシャルメディアでは通用しない。多様化したターゲット層ごとにつながりを築く必要がある。

●記者、ブロガー、アナリストなどのインフルエンサーに協力を求めるときは、彼らが普段誰に向けてどんな目的で何を書いているのか、時間をかけて徹底的に分析したうえで、彼らの目的に沿う情報を提供する。

●一種類のプレスリリースで消費者全体に情報が行き渡ることはもはや不可能だ。核となる主題を定めたうえで、ターゲットの好みに応じてテイストを変え、PRするものの質の高さや使い勝手のよさ、コストパフォーマンスの高さを具体的に伝えること。

●経営陣と目標を共有する。過去の事例を参考にしつつ、経営陣を含めた関係者全員で月ごとの達成目標を定め、経営戦略に沿った行動をとること。

●折にふれて進捗状況を公表し、節目となる大きな出来事は文書で発表する。輝かしい業績は積極的に紹介すること。自分で自分の成功をアピールしなかったら、いったい誰がするのだ？　クライアントに、自分の価値をPRすることを怠ってはいけない。

よいPRと悪いPRの違い

中身を把握していなければ、仕事を公正に評価することなどできない。経営陣や管理職にも、「よいPR」と「悪いPR」があることを理解してもらおう。

できることとできないことを知る　まずは、PRでできることとできないことを理解してもらおう。PRは奇跡を起こすものだと思っている企業はとても多い。なぜなら、PRを広告やオンラインマーケティング、媒体購入、サーチマーケティング（想定どおりに進んでいるか検証しつつ、ビジネス活動の最適化を図るマーケティング手法）などと混同しているからだ。

PR活動は、マスコミ媒体への露出を確実にするものではない。たとえ懇意にしている業界誌でも、掲載される保証はない。PR会社は日々、媒体にふさわしい「記事」にしてもらえるよう各媒体にはたらきかけているが、もし日頃築いている関係を利用して掲載を強要したりすれば、それまでの関係にヒビが入る。

PR＝広告ではない。記者やブロガーの元には、世界中のPR担当から資料が送られてくる。彼らにプレスリリースを送っても、必ず記事になるとはかぎらない。確実にメディアで掲載されたいなら、お金を払って広告を出すしかない。記者やブロガーに敬意を払う意思があるなら、記事にする価値があると思わせる努力をすることだ。

PRを過小評価しない　適切なPR活動は会社のブランディングに大きく貢献し、長きにわたって計り知れないメリットをもたらす。消費者の関心をこちらに向ける努力を惜しまないこと。PR活動にお金をかけない企業が多すぎる。お金をかければ成功するわけではないが、申し訳程度の予算でPR活動を始めても、成果が出ないケースがほとんどだ。

継続する　PR活動に、オン、オフのスイッチはない。時間や予算が許すときだけ行い、あとは何もしないのでは効果がない。市場の移り変わりはとてつもなく早い。積極的に市場に関わろうとしなければ、たちまち会社の売上げもウェブサイトへのアクセスも落ち込みを見せはじめる。場合によっては修復できないまでに落ち込む。

種を蒔く　何もせずに記事が掲載されることはまずない。PRは農作業のようなもの。種をたくさん蒔くほど、育つ作物（掲載される記事）が増える。せっせと水や肥料を与えよう。すぐには実らなくても、ひとたび記事になれば知名度が上がり、消費者の心をつかめる。その記事をきっかけに、さらに記事にしようと思う人も出てくる（連続して記事が報じられる流れが生まれる）。世間で取り上げられるのは、知名度の高い企業か類まれな製品の場合だけだと思うのは間違いだ。世界一の企業でも、最高の製品でも、関心を持ってもらうためには積極的なPR活動が欠かせない。

得意な人に担当させる　いくら熱意があっても、向いていない人はいる。広報担当にはその方面に才能がある人を据えること。

目的によってキャンペーンを変える　PRは複数のコミュニケーション戦略のいわばまとめ役、目的を達成するのは個々の戦略である。たとえば、企業のブランディングと製品マーケティングには、それぞれ異なるキャンペーンが必要となる。

複数の戦術を立てる　最も人気の高いブログや新聞、雑誌であっても、情報伝達の一手段にすぎない。これからのPRは、ソーシャルメディアと既存メディアの両方をうまく活用しなければならない。テッククランチなどの技術系情報サイトや総合ブログサイトへのアクセスは、個別の企業サイトの比ではない。企業の幹部なら、誰もがそうしたチャネルを自社のために活用したいと願うはずだ。さらに、縦横無尽に溢れるブログやネットニュースなどの小さなコミュニティにも情報を流せば、より保守的な人々も取り込むことができる。一般に、小さなコミュニティではアクセス数やヒット数は多くなくても、登録、購入、推奨など、会社の利益につながる行動を起こす人が生まれやすい。

自分から積極的に関わる　「ソーシャル化」の中で成功するには自ら参加するしかない。次のことを実行しよう。

●自社の顧客の声、競合他社の顧客の声に耳を傾ける。

●ブログに、自社の業績だけでなく業界全体にまつわる話題も綴る。その他、受け手に役立つ情報を積極的に発信し、自社に関係するブログ記事を見つけたらコメントを残す。

●オンラインに動画をアップする。独自の発想で優れた作品に仕上げれば、驚くほど世間に広まる。言葉ではメッセージを届けることしかできないが、動画なら、視聴者を楽しませながら商品を見せられる。

●できれば、ポッドキャスト、ライブストリーム、ウェブキャストなどを使って、最新情報や顧客のエピソード、商品の変わった使い方なども配信する。それがコミュニティの形成につながる。

●世間に浸透しているソーシャルツールを使って、自社や自社商品に関係するサイトをブックマークして共有する。

●消費者が作ったコンテンツの充実に協力する。

●従来のプレスリリースに加え、ソーシャルメディアでも情報を公表する。

●顧客の多くが利用していると思われるＳＮＳがあれば、本名で登録し、職業や肩書きも明記する。そうすれば、顧客のほうから見つけてもらうことも、こちらから顧客を見つけて関係を築くこともできる。

- 画像、試作品、開発から発売までの舞台裏をユーチューブなどにアップする。
- ソーシャルメディア上で「会社の顔」となるコミュニティマネジャーを雇う。

実際に参加すれば、関心が高まり、使いこなし方も身についてくる。とにかくまずは始めることだ。

勝利を分かち合う　ＰＲ内容は経営陣を含めた社内全体に知らせ、目標を達成したときは全員で喜びを分かち合うことを忘れずに。欠点にばかり目を向けないこと。

貴重な人材を大事にする　会社や商品のことを心から愛しているＰＲ担当を、決して手放してはいけない。そういう人には、昇進させて重用するだけの価値がある。

定期的にコミュニケーションを図る　ＰＲチームと定期的にミーティングを設け、進捗状況を確認する。

評価項目を決める　事前に評価項目を決めておく。経営陣や管理職は、ＰＲの目的を見失ってしまいがちだが、アクセス数や売上げなど目に見えるかたちで成果が表れなくても、適切な記事には計り知れないほどの価値がある。また、先を見越した明確なＰＲ戦略には底力がある。毎月の具体的な目標、登録数、消費を引っ張る世代の形成、リンク数、対話の数などを評価対象にするとよい。

これまで、世間に受け入れてもらうためのアプローチの代名詞と言えば「キャンペーン」だった。すなわち、ターゲット層を吟味し、戦略的なメッセージを作成し、フォーカスグループに見てもらったうえで必要な修正を施し、効果が期待できる手段を使って伝達し、消費者の反応を観察して効果を算出するという流れだ。

だが、ソーシャルメディア時代には、従来とはかなり違ったアプローチが必要になる。

たとえば、MP3プレイヤーやヘッドホンなどのオーディオ関連商品を販売するスカルキャンディ（www.skullcandy.com）。ソニー、ボーズ、フィリップスなど大手企業がライバルでありながら、Y世代〔訳注：アメリカで一九七五〜一九八九年に生まれた世代〕に絶大な人気を誇る同社のコミュニケーションチームは、Y世代が望むことならなんでもする。「コンテンツの充実したデスクトップ・ウィジェットや別注品を制作する」「音楽のダウンロードを可能にする」「社員が日替わりでブログを綴り、コミュニティを形成する」「イベントを主催する」「SNSを運用する」……。こうしたことを、従来のマーケティングに加えているのだ。とにもかくにも顧客中心。その姿勢に、適切なソーシャルツール、対話への積極的な参加、商品のよさを広めてもらう戦略、社員の声が加わることで、より多くの顧客とより深くつながっている。ちなみに、スカルキャンディに関するブログは一八〇以上存在する。つまり、同ブランドの顧客が営業マンの代わりを務めてくれているということだ。

ＰＲ業界には、考え方や資金の使い方、参加の仕方など、大きく変えねばならないことや受け入れねばならないことが多々ある。だが、何よりも変わらねばならないのはＰＲに携わる私たちなのだ。

2 変化のときはチャンスのとき

本章では、ＰＲ業界の誕生から今に至るまでの変遷、そしてＰＲ担当の役割の変化、評価の移り変わりを見ていく。従来のＰＲがいつしか目的を見失ってしまったこと、現状に満足していてはいけないことに気づいてもらうために——。

二人の先駆者

アイビー・リーとエドワード・バーネイズが「ＰＲの先駆者」として世間で尊敬を集めたのは、一九〇〇年代の初めのことだった。先見の明があったふたりは、企業の戦略カウンセラーとなって、ＰＲテクニックの開発と研究に尽力した。

アイビー・リーは、「プレスリリース」の発明者だ。その功績には賛否があるが、ＰＲを「相互的なもの」と考え、企業には顧客の意見を伝え、顧客には企業のメッセージを伝えることがＰ

Rの仕事だとした点は画期的だった。

エドワード・バーネイズは「PRの父」と呼ばれている。PR理論を最初に提唱した彼は、奇《く》しくも精神分析学者フロイトの甥にあたり、「人間の行動には不合理かつ無意識に抱く動機が作用している」というフロイトの主張に影響を受けた。彼はまた、PRは社会科学の応用であり、心理学や社会学などの研究成果から、不合理に「群れをなす」大衆の考え方や行動を科学的に説き明かすことができると考えた。「PRの中心にあるのは人であり、ツールやテクニックではない」としている点が興味深い。

不信を信頼に変えるために

しかし、リーとバーネイズの時代から時が流れ、PRの世界には批判と猜疑心が渦巻きはじめた。筆者がこの業界に入ったのは二〇年ほど前になるが、その頃からすでに、PR業界やPR関係者が企業経営の中枢に関わることに対しては不信が強かった。当時、PR関係者のことを「宣伝屋」「スピンドクター（情報を操作して人の心理を操る専門家）」と揶揄《やゆ》する経営陣は大勢いた。残念ながら、そういう態度は今なお見受けられる。

先日、ソーシャルメディアのコンサルタントをしているクリス・ハウアーは、ウェビナー（オンラインセミナー）にパネリストとして参加して次のように述べた。「結局、PRの質が悪いということだ。PR会社に敵意を持つ人が多いのは、情報を操ろうとしたり、上辺だけきれいに見せようとするからだ」。そして「今日の消費者は、PR会社よりも近所の人やブロガーの言葉のほうを信じる」と続けた。

PRの目的を再確認する

PRに関して否定的なことが言われるのは、業界の怠慢によるところもある。もちろん悪いイメージを払拭すべく長きにわたって努力を重ねている業界関係者もいるが、PRの意義や価値を正しく理解していない人たちもいるのが現実だ。

PRと聞くと、「情報操作」「大げさ」「まったくのでっち上げ」などを連想する人が大勢いる。その一方で、プレスリリースさえ出していればいいと思っているPR関係者がいる。プレスリリースはコミュニケーションツールの一つにすぎない。それに、たいていはろくなものではない。専門用語が羅列されていたり、大げさな表現が満載だったり、ニュースにするほどでもない情報を載せた中身のない内容だったりする。

ここで声を大にして言いたい。PRは、その誕生以来一貫して、「人との関係を築くために」ある。それ以外の目的で行うことがあってはならないのだ。

だがPRの入門講義では、「PR活動は、社会とのつながりを重視する立場をとるべきではない」などと教える。この根底には、ターゲット層とそのニーズを定めるのは、消費者ではなく企業側である、という考え方がある。もちろん、これがPRの常識だと思ったら大間違いだ。

先にも述べたように、ＰＲは有意義なコミュニケーションを通じて人と関係を築くために行うものである。この大前提に基づいて活動すれば、ＰＲに対する人々の認識はおのずと変わるはずだ。

理想のＰＲ担当とは

これからのＰＲ担当は、市場に精通しているのはもちろん、広い見識を持ち、社会とのつながりを上手に保てる「対話の達人」であることが望ましい。対話の達人は、話し上手であると同時に聞き上手でもある。テクノロジーと市場の両方に精通した新しいタイプのＰＲ担当、つまりあなたは、人間関係の観察、構築、維持に長《た》け、無数に存在するコミュニティの中からつながりを持つべきインフルエンサーや顧客を見つけ、彼らと信頼関係を築きあげる能力を備えることになるだろう。

ＰＲを変えた ＩＴバブルとウェブの進化

アメリカでＰＲ業界の評判が著しく悪化したのは、ＩＴバブルのときだった。当時は、ＩＴ企業でさえあれば、「ウォール・ストリート・ジャーナル」「ニューヨーク・タイムズ」「ビジネスウィーク」などの有力紙誌、あるいはＣＮＮなどの全国ネットの放送局がこぞって取り上げ、持ち上げた。そんな風潮のなかで、インターネットを利用した恣意的なＰＲも氾濫した。

しかし二〇〇一年にITバブルが崩壊すると、メディアもアナリストも市場も、PRを鵜呑みにして企業の売名行為に手助けしたことを後悔した。その結果、多くのPR担当やPR会社には一転して「汚名」が着せられ、一挙に信用を失った。メディアとの信頼関係も失われ、何を言っても相手にされなくなった。

PR関係者として最初に学ぶべきは、どんなときも誠実さを忘れず信用を維持するということだ。ITバブルの崩壊は、その教訓が骨身にしみる出来事となった。

またこの時期、ウェブは重要な局面を迎えてもいた。企業が恣意的なメッセージの発信を控えるようになった反面、インターネットの機能面に注目するようになったのだ。ティム・オライリーをはじめとするインターネット技術の専門家は、もっと有効なウェブの使い方が始まると予見した。「人」がウェブを動かすようになるのだと。いわゆるウェブ2・0の始まりである。

といっても、それまでのウェブが失敗だったわけではない。ウェブ1・0の時代に、PR会社はいくつかの素晴らしい発見をし、より円滑なコミュニケーションの土台となるマーケティング戦略やアイデアを思いついた。

たとえば、ウェブの普及によって、コンテンツの発信にまったく新しい媒体を使う道が開かれた。それにいち早く気づいたメディアは新しい媒体に飛びつき、インフルエンサーが世間に影響を与えるようになった。ウェブサイトを作成するツールが市場に出回ると、市民ジャーナリズムが形成され、その多くが後にソーシャルメディアと呼ばれるようになった。

一九九〇年代に入ると、スティーヴ・サンダースがスティーヴスディジカムズ・ドットコムを開設し、デジタル写真に関する意見や関連商品の感想を綴るようになった。彼はジャーナリストでもカメラの専門家でもない。ただ単にデジタルカメラが大好きで、大勢の人に自分の意見を聞いてもらいたかっただけだが、その後、デジタルカメラ界で一、二を争うほどの影響力を持つようになり、規模の大小に関わらず、ありとあらゆるデジタルカメラ関連企業が彼の意見を注視するようになった。

この頃から、ウェブ上のコミュニティも注目を集め、それらに参加するユーザーが増えていった。オンラインで人とつながって情報を共有する――以前は考えられなかったことだ。技術コンサルタントのシェル・イスラエルは、ウェブ上のコミュニティの発展が「グローバルな近所付き合い」の火付け役となったと述べた。

ヤフーグループなどのフォーラムサイトの登場により、誰もが気軽にオンラインコミュニティを創設したり、特定のテーマや企業のことを取り上げた会話の場を設けたり、共同でプロジェクトに取り組んだりできるようになった。また、エピニオンズ・ドットコムのようなレビューサイトが現れると、オンラインで製品やサービスについての意見交換ができるようになり、購入の際に利用者の意見を参考にするようになった。

アマゾン・ドットコムは、オンライン販売がビジネスとして成り立つことを実証した。同社が商品ページにレビューを書き込めるサービスを始めたことがきっかけで、ウェブイクエーション（ウェブ＝人間）の概念に消費者の観点も考慮されるようになった。そしてこの頃からPR2・0、すなわち新たなPRが幕を開けた。

今までのやり方は捨てよう

誰もが気軽にコンテンツを発信して世間に影響力を与えることが可能になると、利用者が爆発的に増え、ソーシャルメディアの時代が到来した。端的に言うと、ネット上で誰でもコンテンツの作成、共有、発表ができるようになるものは、すべてソーシャルメディアである。この普及に伴って、PRは次のような流れに変わった。

- PR→既存メディア→顧客
- PR→新しいインフルエンサー→顧客
- PR→顧客
- 顧客→PR

つまり、PRは今、コミュニケーション、熱心なファン、ウェブマーケティングを融合したものに進化しようとしている。企業として、インターネットを使って有益な（誇張表現をやめて中身のある）情報を広めるマーケティングやPRキャンペーンの仕方を学ぶときがきた。PRの新しい黄金時代が幕を開け、再び企業の戦略パートナーとなれるときがきたのだ。

もう、特定のターゲット層に向けて一種類のメッセージを従来どおりに発信するだけでは目的は達成できない。メインのターゲット層だけでなくニッチ市場にも注目し、そうした市場向けのチャネルを通じてメッセージを発信する必要がある。

PRは、情報を発信する単なる仕組みから、人々との対話に参加できる「生きた存在」になりつつある。対話（消費者に直接向けたコミュニケーション）は、売り手と消費者とのつながりを深めたり、ブランドの認知度を高めたりする。また、消費者が購入を決断するときの参考にもなる。ブランドに対する愛着をわかせるきっかけにもなる。

状況は変わった。肩書きをはずして、世の中の人たちと本物の対話を持とう。PR会社は、従来のチャネルとソーシャルメディアの両方を活用して顧客に声を届けるさまざまな手段を企業に提案しはじめている。マーケティング部門と連携を図る準備も整った。これからは、「正しい」マーケティング活動を行うことができる。PRは蘇り、アイビー・リーが味わったPRの全盛期が再び訪れようとしている。双方向のコミュニケーションは実に心地がいい。

新旧を巧みに組み合わせる

IT業界では、刊行物と放送局を中心とした従来のPR手法はもはや時代遅れだとみなされている。既存メディアは虫の息で、ブログとSNSが「旬」のメディアだと考えているのだ。プレスリリースは過去のもの、と彼らは口を揃える。だが本当にそうだろうか？

PRは「消費者のいるところに出向く」ことが前提である。そのためには、声を届けるのに一役買ってくれるチャネルの力はすべて借りねばならない。だから既存メディアも、ソーシャルメディアとの橋渡し役になってくれるインフルエンサーも両方とも大切だ。

コミュニケーション・コンサルティング会社フライシュマン・ヒラードのブライアン・クロスは、PR2・0は基本的に三つの層から成り立っている、という。

一番上の層は「資産」。これは消費者が作成したメディアのことで、ネット上にアップされた消費者のコメントやブログや画像、動画、リンクなどを指す。一般の人と共有したもの、世間に公開したものは、すべてこの層に含まれる。真ん中の層は「場所」で、一般の人が投票したり、コメントしたり、購読したり、評価を共有するなど、共同で何かをする場所全般を指す。そして一番下の層は「ツール」。ウィザード、ウィキ、ブログ、タグ、インスタントメッセージ、投票システムなど。この層は、この先ずっと変わりつづける。いわば、未来を表す層だ。新たなツールは必ず登場するが、ここがどれだけ変わろうと、PR関係者はつねに対話のきっかけをつくり、対話を促し、かつ、当然、対話をチェックしていくことになる。

インフルエンサーが及ぼす影響力は今もこの先も大きい。一般の人々も、企業に対応を迫る対話力を身につけている。この現実をふまえて、ＰＲに携わる人は次のことに着手すべきだろう。

●ＰＲ対象について書かれた刊行物やブログに目を通す。
●ＰＲ対象の製品やサービスを実際に愛用する。
●誇大広告に頼らずに消費者の心を動かす努力をする。
●ウェブの多様性や相互作用を理解する。
●メッセージを受けとってほしい人々に混じってオンラインコミュニティに参加する。

さらに、次のような心がけも必要だ。

●ＰＲ業界の現状に向きあう。
●現状を受け入れる。
●現状を打ち破る。
●これまでのやり方を変える。
●つねに学ぶ姿勢を忘れない。

情報を送るだけの機械だったPRが消費者と対話をするようになる――これは画期的な事件だ。ウソや誇大表現はもう捨てよう。代わりにPRするものについての知識を深め、声を届けたい相手に関心を持ってもらえる場を把握しよう。顧客が目にするコンテンツやブログにも目を通そう。そして市場の動向、人々のニーズ、人々につながる方法を学ぼう。

PRは、その企業やブランドを心から信頼し応援している人がいると信じなければ成り立たない。PRは日々進化している。やらねばならないことはたくさんあるが、さしあたり、PR業界のPRは急務だ。

CEOや投資家や経営者と話をすると、PRをしても具体的な成果はあがらないと思われていることがひしひしと伝わってくる。だがPRは再びスタート地点に戻ってきた。言い換えれば、誰でもレベルアップできるチャンスのときなのだ。

3 ソーシャル時代の新ルール

PRの改革を促すきっかけになったのは、ウェブ2・0だ。ウェブ2・0という言葉を最初に使ったのはティム・オライリー、フリーソフトやオープンソースの普及に多大な貢献をした人物だ。彼が創設したオライリーメディアは、「新しい知識を広めることで世界を変える」ことを目標にしたIT企業として知られている。同社が二〇〇四年に初めてウェブ2・0カンファレンスを開催したときから「ウェブ2・0」という言葉が世間に広がり、SNS、ブログ、ウィキなどが誕生した。ウェブ2・0は、互いに意見を交わすための新たな手段、そして、意見を収集し集団で共有できる機会をもたらしてくれた。

顔の見えるPRを

「指揮統制のとれたコミュニケーション（事前に内容が決まっているコミュニケーション）」が

ふさわしい市場はもう存在しない。ウェブがソーシャル化した「新しい世界」では、従来の「強引で一方的な」情報発信や情報操作をやめなければ生き残れない。

ウェブ2・0の到来で、ブランドはかつてないほど身近になった。人々は積極的にソーシャルメディアに参加して、自分がいいと思うものを共有し、発見し、語っている。ブランドの成功には、誰もが自由に参加して協力し合えるこの場で、人々との信頼関係を築くことが必須である。人は、信頼する相手としか取引しない。今日のブランドは、消費者と直接コミュニケーションを図り、「ブランドの中にいる人」を見せなければならない。

ものごとを変えるのは簡単ではない。長年大きな変更もなく使われてきたプロセスが存在するならなおさらだ。しかし、ウェブの登場によってあらゆるものが変わり、PR業界も新たな段階に入った。PRの役割に、「市場の専門家としての知識」「製品やブランドへの熱意」「顧客への感情移入」が加わったのだ。

一方的なPRは反感を増す

PR2・0とは、仕事の質を高め、人のものの見方を根本から変え、自分の意思で人々の会話に参加するための理論と実践だ。市場の専門家としての知識、ウェブマーケティングのテクニック、市場のインフルエンサーの信頼性、エヴァンジェリストの熱意と普及活動を融合したPRこそ、PR2・0の目指すところである。

今のPRには問題がある、生き残りや信頼獲得のために努力が必要だと感じているのは業界内の人間だけではない。ジャーナリストなどは頻繁に、PR会社からいいかげんで不誠実な話をされたり、「スパム同然に」情報が送られてくると不快感をあらわにしている。たとえば、「ワイヤード」の編集長クリス・アンダーソンは、自身のブログに「PR関係者諸君、悪いがブロックさせてもらう」(二〇〇七年一〇月二九日付)という文章をアップしている。PR業界の怠惰を指摘する内容は、多くのPR関係者に衝撃を与えた。

もう我慢の限界だ。私のもとには一日に三〇〇通以上のメールが届く。といっても、スパムに悩まされているわけではない(スパムは「クラウドマーク・デスクトップ」が丁寧に処理してくれている)。問題はPR関係者だ。不精な広報担当は、自分たちのリリースに関心を示す編集者を探す手間を惜しんで、とりあえず「ワイヤード」の編集長にプレスリリースを送りつけてくる。だが、私は生身の一個人であって、プレスリリースすべてに目を通し、その内容に見合った編集者やライターに割り振る部署ではない(その部署のアドレスは、editor@wired.com)。だから、敢えてここで警告したい。今後、知人からのメール以外は、私の関心の対象を事前に調べたうえで興味をひくような内容を記しているメール(こういうメールは大歓迎。そのためにメールアドレスを公開しているのだから)以外はブロックさせてもらう。

アンダーソンは、こう記した後、一〇〇名前後のPR関係者のメールアドレスをブロック対象として公開した。これに対し、筆者の一人であるブライアンは、二〇〇七年一一月に、自身のブログ「PR2・0」で次のように返答した。

「ワイヤード」の編集長であり *The Long Tail*（『ロングテール』早川書房）の著者でもあるクリス・アンダーソンは、私が心から尊敬する人物である。何度か互いにリンクをはったこともあり、彼の考え方や考察は、私の意見とほぼ一致している。

クリスは折にふれてPRの現状について論じるが、その度に必ず業界中が反応してあちこちのブログで嵐が巻き起こる。そうした論議が起こったときは、そこから何か気づきを得ることが大切だ。

彼は最新の投稿でかなり強烈なことを記した。タイトルは「PR関係者諸君、悪いがブロックさせてもらう」。

ここで述べられている「敢えてここで警告したい。今後、知人からのメール以外は、私の関心の対象を事前に調べたうえで、興味をひくような内容を記しているメール以外はブロックさせてもらう」という言葉だけは胸に刻んでおいてほしい。

このもっともな訴えを受けてPR業界が動きだすには、何が足りないのだろう？

今のところ、クリスを擁護する意見とPR業界を擁護する意見が半々のようだが、最終的には、私たちPR関係者はよい方向に変わる必要がある、という結論に落ち着くはずだ。

ここで約束したい。私が関わりを持つPR関係者には、今後一切この手の問題を起こさせない。また、正しいPRのやり方を模索中の信頼できる同業者の指導にも全力であたるつもりでいる。心から学びたいと思っている人、自分の行動が持つ影響力、ものごとの良し悪し、ルールを尊重しながら成果をあげることができると理解している人には、できるかぎりの協力をしたい。

それ以外の業界関係者、いわゆる怠惰な宣伝屋は勝手にすればいい。

この手の連中は、業界の疫病神である。業界をよくしようと試みている数少ない優秀なPR担当は、彼らのせいで世界に蔓延しているPR業界の悪評と、来る日も来る日も対峙させられている。

考えてみれば、今日のPR活動は、その名が表すものから最も遠い存在となってしまった。正直に言って、パブリック、つまり「世間の人々」と良好な関係を築いて「広く報せる」PRはほとんどない。自分たちが宣伝する対象そのものの価値、競合するものとの違いについても、真剣に知ろうとしない。それらを理解することなく、その対象のことを知りたがっている人々につながるチャネル、あるいはメッセージの中身を、どうやって決められるというのだろう?

　こういう態度だから、当然ソーシャルメディアにも対応しない。とどのつまり、記者やブロガーに興味を持ってもらえないのなら、愚かな誇大広告やスパムまがいのメッセージを消費者に送りつけたところでなんになるのだ。

　私の周りには、本気で業界を変えたいと思っている仲間がいる。良好な人間関係を築き、自分の会社のためだけでなく、消費者のために役に立ちたいと、みな心から願っている。

　とはいえ、ＰＲも食べていくための仕事の一つである。ほかの職種と同様、華々しい活躍をする人もいれば、職種のイメージを損なうような働きしかしない人もいる。どんな仕事ぶりをしようと、仕事は仕事であり、社員は社員である。どの業種にも嫌な上司やクライアントはいる。聞く耳を持たず、ひたすら売上げを伸ばせと強要されることがある。そういうときは、黙って我慢するしかない。同僚の中にも、売上げのことしか考えていない人がいるだろう。そういう人間が業界から消えるのは時間の問題だが、完全に消滅するまでは業界の評判を貶《おとし》めつづける。

　なかには、野心ばかりが大きくて実の伴わない人間もいる。何十年も前のコミュニケーション哲学や方程式、くだらない測定方法を仕込まれて現場に放り出される人間もいる。彼らが現場でミスをすれば、厳しい洗礼を浴びる。当然、クライアント企業のブランドにも悪い影響が出る。ソーシャルメディアの時代では、そのミスが世界中に知れ渡る。

このように言っても、誰も自分がそんな目に遭うと実感してはいないだろう。おそらく、自分だけは大丈夫だと思っている。だが、それは甘い。

私の元には、データベースサービスのシジョン（旧メディアマップ）から、バカ高い利用料を払って「業界の最先端を行く」メディア関係者データベースを導入ないかという勧誘の電話がくる。私が扱うトピックや製品、業界の情報を求めているメディア関係者の連絡先を「確実に」提供する、と彼らは自信たっぷりに言う。

だが、しょせんはリストが手に入るだけであって、人間関係の構築はまた別の話である。PR担当が誰かと「何か」を共有するときは、肝心のその「何か」が相手にとって本当に重要かを確認することが大切だ。

「キーワード」でグループ分けしただけのかりそめの集団よりも、一人ひとりとつながりを持つことに時間をかけるべきだろう。

それなのに、ベテランも含むほとんどのPR担当は、数が多ければいいと思い込んでいる。これからは、ぜひ「過ぎたるは及ばざるが如し」「量より質」といった耳慣れた格言を頭に焼きつけて行動してほしい。そして何より、もうPR業界とは付き合えないと公言しているジャーナリストやブロガーが大勢いる現実を、上司やクライアントに理解させねばならない。

PRは人間同士のやりとりがすべてだ。情報を受けとる側と送る側の存在があって初めて成り立つ。記者やブロガーの元にくだらない売り込みや、頼まれてもいないプレスリリースをばらまくのは、おそらく、最新情報を載せてもらうことだけが目的の宣伝屋か、掲載を獲得して自分の価値を上司にアピールしたがっている宣伝屋のどちらかだ。

クリス・アンダーソンは、PR担当が気づいていないことは何一つ言っていない。彼はただ、業界の悪い部分に拡大鏡を当てて、よく見えるようにしただけだ。それらを改善しないかぎり、クリスのような意見が公の場にどんどん現れるだろう。

そこでPR業界のみなさんに、仕事のあり方を改善し、業界の内外の人々の怒りを鎮める（そして、同業者の評判を貶めない）仕事術を提案したい。

①PRの目的は人とのつながりを持つこと。これを忘れてはならない。
②何をPRするのかと自分に問いかけ、その答えを出してから消費者に訴えること。彼らはあなたよりも忙しい。彼らが関心を持ちたくなる理由をわかりやすく提示しよう。
③PRは与えられた作業をこなすだけのものではない。PRする製品やサービスそれ自体のことを調べあげ、優れた点を熟知すること。競合するものとの違いは何か？　消費者のニーズは何か？　消費者が困っていることは何か？
④友人の前か鏡の前で、PRしたい内容を一、二分以内で話す練習をすること。冗談ではない。これは本当に効果がある。

⑤量より質。良好な人間関係を築く相手は自分で探すこと。データベースのプロフィールを読んで判断するのではなく、相手の仕事や考え方を知って判断しよう。
⑥業務以外でも日頃から対話をするよう心がけること。
⑦リストではなく人間関係を作ること。
⑧顔が見える活動をすること。PRは人とのつながりを築くものであることをつねに念頭に置こう。
⑨愚痴や言い訳を口にしないこと。自分の言動の責任は自分にある。そして成功するために必要だと思うことはすべて習得しよう。
⑩プレスリリースを送るときは、情報を要約し、送った相手にとってどこが「有益」なのかをわかるようにすること。
⑪最後にもう一つ。PRの未来はあなたにかかっている。仕事のやり方を変えたくないなら、この業界にいる理由を自問してみてほしい。PRの改善に積極的に関わるつもりがないなら、あなたは業界の悪評を立てる側になる。

アンダーソンの文章は、ブロゴスフィアほかさまざまなメディアで盛んに取り上げられた。たった一つのブログの文章が、ネット上での対話に火をつけ、何百という反応記事を生む――これがソーシャルウェブの威力であり、ウェブをソーシャル化するツールの威力である。

とはいえ、ツール自体は、あくまで「場」にすぎない。ツイッターやフェイスブックなどは、いずれも人々が集まって何かを共有し、学び、対話を持つ場であるが、大切なのは、その場にいる人々とどうつながるかである。

すでにソーシャルメディアを有効に活用している人は、ソーシャルツールを使ってオープンなPR活動を展開している。結局、PRで大切なのは、こちらが口火を切って対話を始めることにつきる。新旧両方の手法をうまく活かし、バランスのとれたPRを目指してほしい。

4 ブロガーを正しく理解する

今では、昔ながらのジャーナリスト以外にも、ニュースを追いかけ、世間の出来事について意見を述べる「ジャーナリスト」が存在する。世間一般の人々も報道という仕組みの一部に含まれていると言ってもいい。デジタルカメラ、カメラ付き携帯電話、ハンディカムコーダー、ポッドキャスト、ブログ、ＳＮＳなどを駆使し、普通の人が市民ジャーナリストとなってコンテンツを制作する時代を迎えたのである。

マスメディアはこれら市民ジャーナリストを重要な存在と認識し、彼らの投稿を奨励している。ＣＮＮのアイレポートがその好例で、誰でも写真付きの記事を直接投稿できるスペースを提供している。二〇〇八年四月の時点で、ＣＮＮの社員数一一〇八名に対し、アイレポートの登録者数は全世界で八万五三二名。チベットの抗議運動からジョージア州アトランタを襲った竜巻まで、ＣＮＮは写真付きの実況中継をブロガーに依頼する。

ジャーナリストとブロガーはどう違うか

ところで、メディアのソーシャル化に伴い、こんな疑問を抱えている人が増えている。

- ジャーナリストとブロガーは何が違うのか？
- ブロガーはジャーナリストか？
- ジャーナリストはブロガーか？
- ブロガーは、ＰＲ戦略にとって本当に重要な存在か？

これらに答えるために、まずは「ジャーナリズムとは何か？」から見ていこう。

私たちが学生だったとき、大学ではジャーナリズムとＰＲ／コミュニケーションに関する講義はたいてい一つしかなく、新聞や雑誌の記者を目指す人もＰＲ関係に就職したい人もみな、これを履修するしかなかった。授業ではＡＰ通信風の記事を何本か書かされたものだ。ＡＰ通信が出している用字用語集の精読も課され、文法、句読点、綴りから、名字に肩書きをつけるときの書き方まで、徹底的に叩き込まれた。

学生時代に学んだ文章術は、就職してからも実践した。たとえば報道記事やＰＲ関連の文章は冒頭に要点を述べる、いわゆる「逆三角形」スタイルの文体で書いた。とにかくＡＰ通信の用字用語集は私たちのバイブルで、どこへ行くにも必ず携帯した。世界中のジャーナリストがこの用語集を模範としているので、プレスリリースや記事を掲載してもらうには同書のルールから絶対にはずれてはならないと教わったからだ。

学生時代にはまた、調査、インタビュー、執筆、事実の裏取りの仕方も教わる。そして「ジャーナリスト」と呼ばれるためには、専門の教育を受け、報道の厳しい倫理規定を順守しなければならないと徹底的に叩き込まれる。

職業ジャーナリスト協会（ＳＰＪ）では、ジャーナリストは真実を追求し報道する義務があるとして、次のような倫理規定を制定している（www.spj.org/ethicscode.asp.を参照）。

●あらゆる情報源を駆使して情報の真偽を確かめ、ケアレスミスのないよう細心の注意を払う。
●報道する人物について念入りに取材し、不正行為の疑惑に対しては相手に反論の余地を与える。
●可能な限り情報源を特定する。情報源の信頼性についても、国民に最大限提示しなければならない。
●情報提供者が匿名を希望するときには、提供の動機を必ず尋ねる。情報提供に対して見返りを約束したらその内容を明記し、約束を守る。
●見出し、宣伝素材、写真、動画、音声、図、サウンドバイト（抜粋映像）、引用は、適切なものにすること。出来事の簡略化や誇張をしてはならない。

●報道する写真や動画を修正してはならない。ただし、技術的に画像の精度を上げるのはよい。モンタージュやイラストの場合はその旨を明記する。
●誤解を招く再現や「やらせ」は避ける。ストーリーを伝えるのにどうしても再現する必要がある場合は、再現であることを明記する。
●覆面取材など、秘密裏な方法での情報収集は避ける。従来のオープンなやり方で国民に必要な情報が得られない場合はその限りでないが、秘密裏な方法で得た情報に基づいて記事を書くときは、その旨を説明する。
●盗用は絶対にいけない。
●誰かの身に起こったことは、たとえ不評を招くと思っても、さまざまな角度から検証して、その重大さを堂々と伝える。
●自分の価値観を明確にし、他人の価値観を否定しない。
●人種、性別、年齢、宗教、民族性、地域、性的指向、身体障害、外見、社会的地位といったものに先入観を抱いてはならない。
●自由な意見交換を支持し、反感を覚える意見も無視しない。
●意見を述べる機会のない人に発言の機会を与え、公式な情報源、非公式な情報源のいずれも平等に有効とする。
●意見と事実を区別する。分析や解釈はその旨を明記し、事実や文脈の誤解を招いてはならない。

●記事と広告の区別を明確にし、曖昧に混在させない。
●政治のすべてを明らかにすること、政府の記録をすべて公開させることを確実にする義務を負っていると自覚する。

ＡＰ通信の用字用語集は今でも改訂されており、ウィキペディア（英語版）にも「アメリカでは、新聞やジャーナリズム講義で文章表現の基準となっている」と記されている。

だが、ソーシャルメディアを使った新しいジャーナリズムでは、スタイルが大きく変わった。文体も文章も公開する場も違うし、情報を交換／共有するスピードも速い。ソーシャルメディアの文章は私的なものだから、より口語的な文章のほうが好まれる。これまで読んでいた既存メディアの文章とは異なる響きを持つ。こうした傾向は、ブログの投稿やオンラインでのプレスリリースにも現れている。

ブログはもう趣味の領域ではない

ソーシャルメディアの台頭によって、「重大なニュースは向こうからやってきてくれる」という考え方が生まれた。尊大だが、確かにそのとおりである。ニュースフィード、アラート、インスタントメッセージ、ＳＮＳ（フェイスブック、マイスペース）、ミニブログ（ツイッター）、ライフストリーミングサービス（フレンドフィード）などを使っていると、本当に自分で見つけにいくよりも先に情報が飛び込んでくる。

ブログのことを個人の感情をぶちまける日記にすぎないと軽く考えている人もいるが、それは大きな誤解だ。ブログにはありとあらゆることが取り上げられている。テクノロジー、ファッション、遊びのことから、スポーツ、生き方、ビジネスまで実にさまざまだ。世界を生中継するウェブのおかげで、ブロガー同士が気軽にリンクし合ったりコメントし合ったりもできる。ブログの読者も、コメントや紹介、さらには自身のブログ開設というかたちで参加できる。

ブログを見れば、正直な意見、実体験に基づいたアドバイスや情報を手軽に得ることができる。マスメディアに先駆けて情報が提供される場合も多い。改めて強調するが、これからのＰＲ担当は、自分の興味と仕事の両方に有益なブログやコミュニティを探し出し、積極的に参加しなければ生き残れない。

有力ブロガーの日常

変化に敏感なマーケターは、マスメディアだけでなく、メディア化した市民であるブロガーに向けてもキャンペーンを展開している。ＰＲ業界では、そうした活動のことを「ブロガー・リレーションズ」あるいは「インフルエンサー・リレーションズ」と呼ぶ。市民ジャーナリストに加えて、プロのジャーナリストからブロガーに転身する者も現れ、いよいよジャーナリスト特有の文章表現に固執する必要はなくなりつつある。

ブロガーに転身した一人にエリック・ションフェルドがいる。彼はタイム社傘下のビジネス2・0誌の編集者だったが、同社を辞めてブログの世界に飛び込んだ。といっても、ネットの片隅でひっそりとブログを始めたわけではない。世界最大級のブログサイト、テッククランチの専属ブロガーになったのである。つい先日、彼は六〇〇本目の記事をアップし、その中でジャーナリズムとブログの相容れない面について考察している。「六カ月が過ぎ、六〇〇本目を迎えて。ブログの世界とジャーナリズムの衝突（私の場合）」と題した記事の一部をここに紹介しよう。

私にとって、ブログを書くことと雑誌の編集に携わることとの境界は、ずいぶん前から曖昧になりはじめていた。デイモン・ダーリンから「ビジネス2・0」のサイトブログ（後にネクスト・ネットに名称を変更）を引き継いだのが二〇〇五年五月（デイモンは現在、「ニューヨーク・タイムズ」でテクノロジー紙面を担当）。その一カ月後にマイケル・アーリントンがテッククランチを立ち上げた。マイケルと私は最初から気が合った。もちろんその当時は、彼のほうがはるかに真剣にブログのことを考えていた。

「ビジネス2・0」のサイトブログはRSS登録者が五万人にまでなったが、しょせんは副次的な業務だった。私の本職は、あくまでも自分で記事を書き、複数の記事をまとめて紙の雑誌に仕上げることだった。ブログを書く以外にも、ちょっとした規模のイベントを催したり、ウェブに動画を配信したりすることはあったが……。

だが次第にブログの比重が大きくなり、結局は、雑誌に関わる記者や編集者全員がブログを始めることになった。それなのに、ブログは雑誌の「おまけ」的な存在のままだった。テッククランチでの仕事は、まったく新しい経験である。まず、長文の叙述的な文章を書かなくなった。ストーリー仕立てにするだけの時間がないのだ(今回のような週末の投稿は除く)。たいていの記事は、出来事を報じて詳細を伝え、自分の解釈を述べるかたちになる。二四時間体制で随時更新しているが、わずかな例外を除いては、書くのが大変だと感じた記事は一つもない(内容を掘り下げた雑誌記事になると、五〇名へのインタビューや何週間にもわたる出張などがある)。

とはいえ、総じて言うと、実際にはブログのほうが雑誌よりつらい。ブログには終わりがないからだ。最近は、妻や子どもたちが私の口調を真似て「あと一本だけ書いたら終わるから」と言ってからかう。

テッククランチでブログを書くのは、超特急に乗っているようなものだ。時速二〇〇キロで走っているから、飛び降りることができない。六カ月前のテッククランチのメインサイトの訪問者数は約二〇〇万で、テクノラティの「最もリンクされたブログ・トップ100」の四位にランクインした。そして六カ月たった今、月間訪問者数は三〇〇万近く(正確には二九〇万)に増え、先週とうとう、エンガジェットを抑えてテクノラティのブログアクセス数ランキングでトップとなった（一位の座はどれくらいキープできるのか。すぐ後ろにはハフィントン・ポストが迫っている）。

テッククランチの成功の方程式？　「執念の賜物」としか言いようがない。メインブログは、マイケル、ダンカン、マーク、私の四人で書いている。少人数とはいえグローバル企業である。出張のとき以外は、マイケルとマークはカリフォルニアから、ダンカンはオーストラリアから、私はニューヨークから記事を投稿する。サイト上にはたいてい四人全員がいる。そうでなくても、必ず誰かはサイトを見ている。マイケルは本当に寝ない。あそこまでいくと、さすがに身体に悪いと思うのだが――。

テッククランチがやっていることは極めてシンプルだ。基本的には、新興のウェブ関連企業を紹介するとともに、新興企業に対抗、あるいは新興企業を買収しようとする大手IT企業の動向を記事にする。アマゾンのキンドル発表について取り上げたり、インターネット時代における無料講演について論じてみたり、グーグルで密かに進行しているプロジェクトの内容を明らかにしたりもする。ヤフーに対してお節介なアドバイスをすることもある。

書きたいことがありすぎて、すべてを取り上げる時間はないが、自分たちからの発信ではないニュースでも、それをどれだけ速く記事にして投稿できるかが死活問題となる。記事を校正する時間などほとんどない。幸いなことに、我々の読者は、間違いに気づいたらコメントで指摘してくれる。校閲や調査員の役割を果たしてくれるのだ（みなさん、ありがとう）。我々は、出来事の七割方を正確につかめた時点で迅速に記事にしてアップするほうが、残りの三割の情報のために何時間か（あるいは一日）待つよりもいいと考えている。更新はいつでもできる。不完全なかたちでも記事をアップしてしまえば、たいてい内容は充実していく。記事を読んだ当事者が連絡をくれて詳細を教えてくれたり、コメント欄に直接情報を書き込んでくれたりするからだ。

最近のテッククランチは、メディアサイトというよりもブログではないか、と尋ねられることがある。その区別はますます意味のないものになりつつある。敢えて答えるなら、テッククランチはその両方だ。従来の報道機関と競合しているとはいえ、彼らに比べればずいぶんと規模は小さい。ただ、それが我々の強みでもある。ニュースを追って独自に記事にしているのは同じだが、ライバル社の報道記事についても論じ、個人の見解も包み隠さず披露する。テッククランチは情報源であると同時にフィルターでもあるのだ。

ブログでは、スピーディな情報伝達、意見交換、個人の見解の表明が可能である。そうした特徴が、人々の注目を集める点で既存メディアと張り合うのに一役買っている。だから、そういう部分はなくしたくない。仮説を立てたり、おかしいと思うことに異議を唱えたり、ほかの人と意見を交えることが楽しい。ときには、従来のジャーナリストからすればマナー違反だと思われるようなこともあるかもしれないが、それはそれでかまわない。

我々の読者がまた読みにきてくれさえすれば。

いったい、ブログとは何なのか？　それは、読者との対話である。対話を始めるのに、すべての情報が揃っている必要はない。ただ、始めたときより多くの情報が集まって終わるほうが、そして最後には間違いが正されるほうがいい。そうでないと、誰も話を聞いてくれなくなる。これは、どのメディアでも同じだろう。

大手メディアと肩を並べるブログの登場

今では大半のブロガーが、かつては報道機関しか知りえなかった貴重な情報を入手できる。そのうえ、瞬時にそれを公開する術もあるのだから、記者を出し抜くことも多い。だが、公平に考えてみてほしい。優秀なジャーナリストは、ブロガーとはまったく異なるレベルにいる。ジャーナリズムの技術を叩き込まれ、信念と倫理を貫くことが身についている（ブロガーはまだ意識しはじめたばかりだ）。それに、事実と意見の違い、情報源や事実確認の大切さも理解している。ブログを始めたジャーナリストも、ブログと本業をうまく区別している。

それでも、ブログの普及により、新聞や雑誌やテレビから消費者の意識が離れていっているのは事実だ。アクセス数がトップクラスのブログは、大半のマスメディアをはるかに凌ぐ人気を博し、何百万もの読者が毎日のように訪れる。

ナンバーワンブログのひとつテッククランチは、市民ジャーナリズムの本質を表す最たる例だ。同ブログが開設されたのはほんの数年前で、開設者のマイケル・アーリントンはもともと法律家、今は新規事業の立ち上げも行っているという人物だ。彼は、ジャーナリストとしての教育を受けていなくても、ニーズに合ったコンテンツと信念があれば、世界中から大勢の読者をひきつけることができることを証明した。テッククランチの記事は、今では「ワシントン・ポスト」のウェブサイトにも配信されている。大手メディアを通じて配信されている人気ブログは、ほかにもたくさんある。

ブロガーに求められる倫理

ブログの急速な普及に伴い、報道機関からはルールの制定や改正を求める声が起こっている。報道機関だけではない。感情のままに書かれた記事や、誤解や偏見を与える記事、中傷記事などの影響を受けた企業や組織、個人からも同じような声があがっている。

ブログ同士でつながりが生まれ、さまざまなかたちでコミュニケーションが生まれる――そういうブログのつながりを「ブロゴスフィア」と呼ぶ。ブロゴスフィアが拡大するにつれ、ジャーナリストが倫理規定に従って活動するように、ブロガーもコンテンツの内容に責任を持つべきだという風潮が広がった。これは意見が分かれるところであり、扱いが非常に難しい。というのも、ソーシャルメディアの進化の原動力は、統制されていない生の声だからだ。

ブロガーの中には、模範となる態度で倫理を順守することから読者と対等かつ良好な関係が生まれると考えている人もいるが、明確なルールは存在せず、個人の判断に任せているのが実状だ。つまり、ブロゴスフィアを統治する存在はない。

フォレスター・リサーチ社でソーシャルコンピューティングの分析とウェブのソーシャル化のコンサルティングを行っていたシャーリーン・リーは、二〇〇四年に同社が運営するブログ「グランズウェル」で、ブログの倫理規定についての議論を繰り広げた。彼女が提案した「ブロガー倫理規定」には次のようなものが含まれていた。

- 事実を伝えます。
- 細心の注意を払い、正確なことを書きます。
- 間違いに気づいたら速やかに訂正します。
- 訂正する場合は、訂正部分がわかるよう修正し、自分の投稿すべてに責任を持ちます。
- 一度投稿した記事は、絶対に削除しません。
- 投稿されたコメントは削除しません。ただし、スパムおよび記事に無関係な内容のコメントは除きます。
- 返信が必要なメールやコメントに速やかに返信します。

- 記事を投稿するときは、必ず校正を行うことを含め、記事の質を高める努力をします。
- 参加した対話には最後まで参加します。
- 反論するときは、相手に敬意を持って行います。
- 参照元や引用元のリンクをはります。
- 利害関係がある場合はその旨を自ら公表します。
- 個人的な事柄を議論の対象にすると、対人関係に支障をきたす恐れがあるため、自分個人に関することは話題にしません。

先に紹介したSPJの倫理規定とは異なるものの、これは大きな前進だ。

ブロガー同士が互いに助け合って学んでいくことがブログ社会の成熟につながると考えるコミュニティも現れた。二〇〇六年に、クリス・ハウアー、クリスティ・ウェルズ、筆者ブライアンをはじめとするメンバーは、「ソーシャルメディア・クラブ」を発足した。これは、ソーシャルメディアに携わる人々に、最適な活用事例を学び共有してもらうことを公式に目的に掲げた初の団体である。以後、アメリカはもちろん世界中に支部ができた。

サンフランシスコ支部では、同年一〇月にブロガーの倫理と開示についての調査を行ったが、その際に議論の口火を切ったハウアーの投稿は、今読んでも示唆に富んでいる。

情報開示について話そう――ソーシャルメディア・クラブ討論会

私はほぼ毎日、情報開示について考えるか誰かと議論しているが、クライアントに提供する情報の開示の是非はつねに気にしている。自分の仕事のことを書こうとすれば、この問題は必ずつきまとうし、開示が可能であっても、今度はそれを文章にすべきかどうか迷う。自分一人で悩むよりも、ここサンフランシスコでこの問題に関心のある人とともに議論をするほうがよさそうだ。(中略)

先日、PR会社のエデルマンが事件を起こした。アメリカ全土を車で旅するカップルが「ウォルマーティング・アクロス・アメリカ」というブログを開設し、各地のウォルマートで働く社員の様子を綴っていたのだが、それがエデルマンに雇われた「フログ(一般人のふりをして宣伝を行うブログ)」であると発覚したのだ。

情報の透明性と誠実な態度を示せなかったという同社の失敗は、この先同じ過ちを犯さないための非常に大切な教訓だ。だがおそらく、同じ轍《てつ》を踏む企業はたくさん出てくる。

私が情報開示について改めて議論したいと考えたのは、オンライン・ニュース・アソシエーションが主催するカンファレンスで、友人のマイク・アーリントンが既存メディアと口論したことがきっかけだった。

マイクは「ニューヨーク・タイムズ」のある記事について、ジャーナリストの倫理観を疑問視する発言をした。ところが、非難した記事に取り上げられていた企業が、マイクが投資している企業のライバル社であると発覚し、逆に集中砲火を浴びることになった。

この出来事を知った著述家のニコラス・カーは、自身のブログ（www.roughtype.com）に「ガラスの家」という記事をアップした。彼は事件の詳細に触れながら、マイクと個人的にやりとりをした情報開示に対する考え方も公開し、利害関係の公開や倫理観に関して、ブログはマスメディアから学ぶことがたくさんあると締めくくっている。

私はこの記事に深い感銘を受けた。マイクは意図的に誰かを欺こうとする人間ではない。ただ、負けず嫌いな性格で、ウェブ2・0に強い関心を持っていることから、相手を怒らせるような言い方をしてしまったのだろう。私自身、大勢の人と情報開示について議論をしてきたが、情報の開示はそう単純なものではないし、開示の仕方やタイミングを定める明確なルールも存在しない。さまざまなクライアントのコンサルタントをしていても、情報開示はよく問題視される。

そこで、私はこの問題を解決するために行動を起こそうと決意し、ソーシャルメディア・クラブで「情報開示について話そう」という討論会を企画した。この場を通じて、利害関係の開示について、透明性と信頼性を正しく維持する方法を共有できればと期待している。討論会はすでに何度か開催され、その模様はブロガーたちによって記事にされている。今後は解決策の打ち出しを中心に討論を進め、その模様をリアルタイムで中継したい。話し合いで出た結論から行動も起こしたい。できればブログ執筆のガイドラインを制定し、それを模範とするよう世間に呼びかけていきたいとも思っている。

ブロガーが読者に公開すべき情報とは何か？　私は、どんなブログ（企業ブログ、ニュースブログ、個人的な日記など）でも、次の四つを読者に公開すべきだと思っている。

①ブログを書いている人物のプロフィール
②ブログの趣旨
③ブログを始めた理由
④読者にとってのメリット

ウォルマートの例のブログは、いずれにも答えていなかった。

隠しごとをして読者の信頼を裏切ってはならない。隠しごとが発覚すれば、世間（読者）は反発し、事実を語れと声高に要求するだろう。世の中には、他人を攻撃しては喜んでいるイカレた連中も大勢いるが、読者に対してつねに正直な態度をとり、確固とした信頼関係を築いていれば、そんな連中の言い分を真に受ける人はほとんどいないはずだ。

二〇〇六年一〇月二五日には、CNETの本社でソーシャルメディア・クラブの討論会が開催された。そのときの議論をハウアーは次のようにまとめている。

情報開示に関する討論会のまとめ

今回のテーマである「情報開示」については、「全員に関係があり、幅広い意味でその重要性を理解する必要がある」ということですぐに意見がまとまった。誰かが誤った判断を下せば、その影響は周囲に及ぶ。だからこそ、みんなで一緒に考えていかねばならない。話し合いの様子を私の独断でまとめてみた。

- まずは私が、これからは、かつてもてはやされた3Cではなく、3Tを取り入れねばならない時代だと口火を切った。3Tとは、Transparency（透明性）、Truth（事実）、Trust（信頼）である。ちなみに3Cは、Content（コンテンツ）、Contact（接触）、Community（コミュニティ）である。
- 情報開示に関しては判断しづらい部分が多いので、この場で厳格なルールを定めるのは難しい。ルール作りよりも、模範事例の収集に力を注ぐべきである（それがソーシャルメディア・クラブの目的でもある）。

●情報開示は、状況に応じて、あるいは地域や文化によっても変わってくる。
●情報開示は情報を発信する側の問題だが、視聴者・読者のメディアリテラシーの育成が最大の課題とも思える。
●人は誰もが何かしらの偏見や先入観を持っている。ジャーナリストであっても先入観から偏った見方をすることがあることを、ブロガーはもっと意識する必要がある。
●ブログをやっていると、無料で何かをもらうこともあるが（この場にいる全員が経験あり）、買収と呼べるほどのものではない場合がほとんど。
●何がよくて何が駄目なのか、わかりやすい比喩や喩え話が必要。
●一度の話し合いだけでは、すべてを計画し、解決することはできない。

そして最後に、マイク・アーリントンがこんな提案をした。

「我々は、情報開示の正しいあり方について話し合いを進め、その結果決まったことを忠実に守ることに合意している。たとえ個人的には反対でも、この場で決まったことは順守していくつもりでいる。また、アクセス数の増加や売名を目的に根拠のない非難を展開する人につけ入れられないためにも、個々のブログで議論が起こったときの対策を講じておく必要がある」（以上、彼の発言の要約）

これは二〇〇六年に書かれたものだが、「ブロガー倫理規定」は未だ完成に至っていない。今でもグーグルで「ethics blogosphere（倫理　ブロゴスフィア）」と検索すれば、倫理規定誕生のきっかけを生んだ、二〇〇五〜二〇〇六年にかけての記事が検索結果の上位に表示される。その後とくに進展は見られないということだ。おそらく今後もブロゴスフィアの倫理を統制する正式機関が誕生することはないだろう。

だが、何かうまくいかないことがあると、社会はどうにかしようとする方向に動くものだ。だからきっと、誠実さや正確さを欠いたブログを書いたところで、結局は世間が追い詰めて正体を暴くことになるだろう。

広く、深く、長い関係を築く

この章を締めくくるにあたり、章の冒頭に投げかけた問いに対する答えをまとめよう。

- 所定のメディアの規定に縛られずにブログを書いているジャーナリストは、ブロガーである。「USAトゥデイ」は記者にソーシャルメディアの利用を推奨し、記者と読者の対話や読者同士の対話を実現しているが、同紙の記者は、ジャーナリストとブロガーの両方に相当する。
- たとえネット上に記事を書いても、コメントやトラックバックなどのソーシャルメディア的要素を取り入れていなければ、そのジャーナリストは「従来のジャーナリスト」である。

●ソーシャルメディアを介してブログを書いたり情報を共有したりする人は、市民ジャーナリストと呼ばれてもジャーナリストではない。彼らは普通、ブロガーに分類される。

このように、ジャーナリストとブロガーには違いがあるが、従来のジャーナリストが情報のソーシャル化を取り入れる動きはさらに進むにちがいない。

マスメディアは、一般の人々でも「報道」できるようになったことの本当の意味に気づきつつある。そうした記事や投稿そのものだけに価値があるだけではない。そこからさまざまなかたちで、魔法のような広がりが生まれる。コメント欄に誰かが書き込めば、その場に人の熱が生じる。記事を書いた本人も加われば、その熱はますます高まる。オンラインで起こった会話をブロゴスフィア全体に広げ、関係するスレッドを通じて世界中の人々や考えをつなぐ——こうした拡張性も、ソーシャルメディアならではの特長だ。

ジャーナリストも、ブロガーも、我々PRの人間も、ソーシャルメディアに参加することが、すなわちマーケティングであり、有意義な人間関係を長く続けていく基盤作りになる。

ソーシャルメディアは万人に平等に力を与える。もはや、ジャーナリストとブロガーの違いに目を向けている場合ではない。あなたの課題は、ソーシャルメディアを活用してどうやってつながりを築くか、そして話題を広めるか、である。

5 「人とつながる」とはどういうことか

ソーシャルメディアでは、会話に勝るものはない。そして有益な会話は、互いに信頼と尊敬を抱き、メリットを感じ、また話したいと思うところから生まれる。この点を理解していなければ、いくら議論しても無意味である。

また、最も実りの多い会話は、不特定多数に向けたもの（いわゆるスパムやメディアを使ったPR）ではなく、一対一の対話である。

ターゲットを見誤るな

PRの一般的な手順は、メッセージを作成し、配信サービス会社を介して配信し、記者やアナリストに電子メールで送付する（たいていはメールのリスト機能で一斉に送付）というものである。影響力の強いインフルエンサーとは一対一の関係ができていても、「送付リスト入りしない人々」との関係を深めるまでには至っていない。おそらく、影響力の強くない人の声にはそれほど価値がないと思っているからだ。「その他の人々」には、「わざわざこちらから送るのだから、受けとれば記事にしてくれるだろう」とたかをくくっている。だが残念ながら、そう単純にはいかない。影響力の大小に関係なく、記事を書く人のもとには、そうした楽観的なPR担当から次々に情報が届く。その日のうちに対応することはおろか、すべてのメッセージに目を通すことすらままならないのが現実だ。

昨今では、消費者が作成したコンテンツ（UGC）がマスメディアの記事を凌ぐ影響力を持つことも多い。あなどってはいけない。消費者との直接的なつながりをもっと増やすべきである。彼らは、ウソや大げさな宣伝を何よりも嫌い、自分に何らかのかたちで役に立つ情報を求めている。これからのPRは、「頼りになる情報源」にならなければならないのだ。

もちろん、誰かをエヴァンジェリストに変えるのは並大抵のことではない。ブロゴスフィアでは、インフルエンサーになる可能性を秘めた人々が群れをなしている。彼らがブログに何かを書いたからといって、すぐに大量のトラフィックが生まれるわけでも、商品が飛ぶように売れはじめるわけでもない。しかし長期的には、記事に書かれたものを求める人々を連れてきてくれる。

人間関係を築く大前提

一対一のPRは、これまで慣れ親しんできたPRとは根本的に異なる。これまでは、どんな人間関係を築いたかではなく、何件のアクセスを稼いだか、そしてその結果、会社にどんなメリットをもたらしたかで評価されてきた。だが一対一のPRでは、無作為の個人をターゲットにするのではなく、個別の相手ごとに、メールなどでコミュニケーションをはかり、その人がどんな情報を望み、どんな好き嫌いがあり、普段、どんなことを、なぜ話題にしているのかを探る必要がある。PR担当はコミュニケーションのプロなのだから、こうした情報収集もできるはずだ。ターゲットに関する「下調べ」は、マスメディアと関係を築くときと同じだ。

誠実な対話は、必ず一定の効果を生む。クリス・ハウアーはこう述べている。「誠実な対話とは、誰かに対して行うものではない。誰かと一緒に行うものだ」。そのとおりである。

ITブロガーとして有名なロバート・スコーブルは、メールを送ってくる人（特にPR関係者）に対し、彼が望む方法で連絡をとるようにしてほしいとツイッターでつぶやいた。また、関心をひきたいなら、メール以外のツールも勉強して、意外性を感じさせるアプローチをしてきてはどうかともつぶやいた。「やたらメールを送ってくるのがPR関係者。講演依頼関係がその次。僕はもう、メールにはほとんど返事を出さない」

準備と誠意で勝負は決まる

スコーブルのPR関係者への見方には共感する。彼は、誰かと関係を築くときは相手にとって最適な手段を検討することが重要だと強調している。PR業務はこれまでずっと、表には出ず、個人との対話を重視せず、知らせたいことをメディアを通じて一方的に投げかけてきた。だが、それはもう当たり前ではなくなった。

たとえばツイッターなら、一回につき一四〇字以内に制限されている。その字数でインパクトのあるメッセージを書くのは無理だと思う人も多いが、フェイスブックなどでも、簡潔にまとめられたもののほうが好まれる。特定の読者に向けて伝えたいことをまとめられるなら、ほかの誰かに対しても、文字数に関係なく、相手が好んで使うソーシャルメディアを使って、目を引くメッセージを送ることができるはずだ。これが本来のＰＲ＝パブリック・リレーションズであり、適切な手段を使って適切なタイミングで、必要とされている情報を必要としている相手に伝えることこそ、真のコミュニケーションである。

伝える相手は従来のジャーナリストやアナリストかもしれないし、ブロガーかもしれない。あるいは、たまたま見つけたコミュニティに、連絡をとりたいと思える相手がいるかもしれない。いずれにしてもタイプはさまざまだ。

スコーブルは、彼とつながりを持ちたがっているＰＲ関係者や、返事を急いでいる関係者に対して次のようにアドバイスしている。

①メディアや市民ジャーナリストのニーズに気を配れ。

②ＰＲする商品にとって重要な人物の言動は毎日チェックせよ。

③相手にとって望ましい連絡手段を知り、その方法でやりとりせよ。

これからのPR担当は、データベースに書いてあるプロフィールに頼るだけでは通用しない。ブロガー、記者、評論家、顧客など、つながりたい相手と個々に話をし、相手の書いたものを読み、発言に耳を傾けよう。つながりたい相手のことを、目と耳で観察するのだ。その人は、どんなものを、どうやって知りがっているのか？　調べる労を惜しんではならない。そのうえで、興味をもちそうな情報を準備し、良識のある誠実な態度でコンタクトをとろう。「あなたが求めることを用意してきました」と相手に示せなければ、好意的な反応は得られないだろう。

ツール過信は禁物

ソーシャルメディアを成り立たせているのは人間であり、テクノロジーではない。人とツールの関係はきちんと認識しておく必要がある。すでに存在しているツールも、これから登場するツールも、およそソーシャルツールはすべて「対話に参加するための手段」にすぎない。誠実な態度で対話に加わって有意義な情報を提供し、相互にメリットが生まれてこそ、そこに人間関係が生まれるのだ。

それなのに、ソーシャルメディアの専門家やコミュニケーションを生業《なりわい》にしている人の中には、のぞき見的にしか参加しない人が多い。彼らはどのソーシャルメディアにも本気で関わることなく、あちこちうろつきながら冷めた目で眺めるだけだ。自分が何に、どこで、何のために「参加すべきか」がわかっていない証拠である。宣伝告知できる媒体として飛びついたにすぎない。残念ながら、ソーシャルメディアを使ったマーケティングの大半が、こういうかたちで実施されている。

どんなPR活動でも、大きな成果が上がるキャンペーンは、市場を観察し、市場の声を目と耳で受け止め、気づきを得ることから始まる。ソーシャルメディアの世界でもまったく同様である。ソーシャルメディアをひとつの社会と受け止めて、ネット上の人々の振る舞いや慣習を学ばないことには、実りある対話など生まれようがない。

とくに「誰かの声に耳を傾ける」ことは、ソーシャルメディアに参加するうえで欠かせない。社会学ではこれを「観察」と呼ぶ。現実世界であれ、ウェブ上であれ、観察で得た知識や考えは、有意義なPR活動を生む。

これまでのソーシャルメディアを使ったPRやマーケティングは、単に最新のツールを使って活気のあるSNSやコミュニティに参加するだけのものが多かった。言ってみれば、道具が揃っているからと村の隣にキャンプを設営し、これで村の一員になれると期待するようなものだ。でも、それではうまくはいかない。

対話の場を提供し、対話を促すソーシャルメディアは、言わば「社会」である。その社会の中で、人々の間に強い結びつきが育まれ、ルールも作られる。従来のPRやマーケティングの基準は、一度きれいに忘れてしまったほうがいい。ソーシャルメディアではまったく通用しない。

たとえばソーシャルメディアでは、不誠実なコンテンツを見つけたらみなに警告するというルールがある。「競合他社に関連するブログに自社を宣伝するコメントを残す」「フェイスブックの特定のトピックのグループに宣伝メッセージを送る」「自分が関わっているブランドを擁護するわざとらしいメッセージを匿名でばらまく」といったことをすれば、すぐに厳しいしっぺ返しを受けることになるだろう。

スコーブルと*Naked Conversations*（『ブログスフィア』日経BP社）を著したシェル・イスラエルが言う「グローバルな近所付き合い」は、もう始まっている。影響力の持ち主が、報道機関から一般の人々へと移行しつつあるのだ。

繰り返そう。ソーシャルメディアを使ったPR活動には、様子見ではなく、「観察」が必要である。それが戦略の成否を決める。

売り込みはしない

見込み客が目にしそうなメディアに広告を掲載し、報道各社に取り上げてもらえるようはたらきかけて、こちらの狙いどおりの記事を書いてもらえますようにと祈るようなPRはもう古い。ブログ検索などで、記事を書いてくれそうな市民ジャーナリスト（＝ブロガー）を探そう。

相手がジャーナリストであれブロガーであれ、売り込みは絶対にしないこと。彼らが以前に書いたものに目を通し、記事の傾向を把握したうえで、相手に喜ばれる情報を提供しよう。

良好な関係を長く続けるには、互いにメリットがなければならない。だから、貴重な相手とのやりとりを、一方的な売り込みに使ってはいけない。相手の書いた別の記事（自分に関係のない記事）にコメントをし、自分に関係する話題をみつけたらアドバイスしよう。ただログインするだけでもいい、仕事とは無縁のコメントや更新の知らせをするだけでもいいから日常的に関係を保とう。

ＰＲとは本来、今あげたようなことをするものなのだ。インフルエンサーも、さまざまな人とつながり、交流することを望んでいる。ＰＲ２・０は、ＰＲの原点である「人々との関係構築」に回帰する。これからのＰＲ活動の中心は、「人」だ。関係作りを怠れば、あなた抜きで対話が行われるまでだ。やり方を間違えれば、あなたの会社やブランドに対して、公の場で激しい反発が起こるだろう。

これからのＰＲ活動では、以前とは比べものにならないほど多くの人々との交流が生まれるはずだ。個々の要望に沿って情報の伝え方を変えることで、あなたは相手にとってより役に立つ存在になれる。ＰＲする商品を支えてくれる人々にとっての、直接的、間接的な情報源の一つになろう。信頼、尊敬、そして友情を望むなら、関係作りに一歩踏み出すしかない。

すでにソーシャルメディアをＰＲに有効活用している人たちは、「対話が市場であり、市場が対話である」と言う。対話はコミュニティの糧《かて》であり、コミュニティは人間関係を築くための市場だ。ＰＲの成功に、人間関係という通貨は欠かせない。相手からも「交流を深めたい」と思ってもらえたなら、時間とともに関係が深まっていくにちがいない。

パート II

新たなツールとテクニック

6 まず、言葉づかいを改める

パートⅡでは、PR2・0の理論を実際のPR業務に当てはめていこう。それにはまず、PR2・0に即した考え方、用語の使い方を身につける必要がある。

たとえば、オーディエンスに向けて売り込むことと、情報を伝えたい人々と対話することの違いは理解できているだろうか。これからのPRは、売り込みではなく対話だと理解しているなら、「メッセージ」「オーディエンス」「ユーザー」といった言葉は使わなくなるはずだ。

これまで「オーディエンス」「ユーザー」とひと括りにしていた人々のことを、一人ひとり見ていくと、彼らが実は自分たちの支配下にないことや、全員が必ずしも同じグループに属していないことがわかる。彼らの中には、さらにいくつものグループやコミュニティが存在し、複雑な様相を呈している。それらを見つけてつながりを持つためには、高い観察力と地道な下調べが必要だ。見つけた相手は「オーディエンス」でも「ユーザー」でもない。彼らはこちらが送るメッッセージについて話したがっているわけでもなければ、売り込まれたいわけでもないのだから。

もう「ユーザー」とは言わない

マーケティング業界で当たり前のように使われていた「オーディエンス」「ユーザー」といった用語は今や、劇場でもスタジアムでも公会堂でも店舗でも通用しない。当然、オンラインでも通用しない。「こうした言葉が使えないと、ウェブ上の集団を表す言葉がない」というのは間違いだ。ソーシャルメディアを活用するPRでは、そうした考え方自体を変える必要がある。

企業のPR活動というと、商品ごとにプレスリリース、ダイレクトメール、企業サイトでの動画配信、記者会見、企業の方針プレゼンテーションなどを作成し、あらゆる機会にさまざまな形態でターゲット・オーディエンスやユーザーに向けてメッセージを送るやり方が中心だった。だが、もう「オーディエンス」に値する人々は存在しない。もはや、不特定多数に向けた人間味のないメッセージに影響される人はいないのだ。これからのPRでは、情報を届けたいコミュニティそれぞれに見合った記事の作成に力をそそぐ必要がある。

ニューヨーク大学ジャーナリズム学部教授のジェイ・ローゼンは、ジャーナリズム論を綴る自身のブログ「プレスシンク」でこのことを取り上げている。

かつて〝オーディエンス〟と呼ばれていた人々

かつて〝オーディエンス〟と呼ばれていた人々は、メディア関係者に個々の存在をアピールするようになった。今や情報を発信する力は、誰もが知っているプラットフォームに移っているのだと言わんばかりに。

メディア関係者の諸君、自分の船に乗せている乗客が、実はみなボートを持っていたと想像してみてほしい。それがものを書く読者であり、カメラを手にした視聴者である。かつては細かく分類されていたリスナーも、今や少し手間をかければ、リスナー同士が直接つながり、声を発することができる――それも、既存メディアと同じく世界に向けて。

このような文章をメディア関係者が目にすると、自分の存在意義を訴えてこんなことを言い出す。「みんなが声をあげるようになれば、いったい誰が聴くんだ？　それでも聴く人がいるって言うなら教えてくれよ」

かつて〝オーディエンス〟と呼ばれていた人々にとって、情報発信者が増えることは何の問題もない。〝オーディエンス〟とは、「メディア媒体の向こう側で情報を受けとるだけの人」という意味で使われていた。送り手は、自分の声がよく届くようにと、他社と競って高額なメディア枠を購入した。そして、送り手以外の人はみな、送られてきたメッセージをただ黙って受けとった。ところが今や、状況はすっかり変わってしまった。

●これまではマスコミが発行する印刷物でしか提供されなかった情報が、ブログという手軽な手段で提供されるようになった。だから、「ブログは憲法修正第一条で保証された媒体」と言われている。ブログのおかげで報道の自由を享受できる人が増えた。

●これまでは、みんながラジオ局の周波数に併せて放送を受信していた。ところが、ポッドキャスティングという素晴らしい技術が発明されたおかげで、誰もが「放送」できるようになった。しかも、ポッドキャスティングのほうが、できることの幅が広い。

●映像の撮影、編集、配信は、大手テレビ局のものだった。これがテレビの前の視聴者（＝オーディエンス）にメッセージを届けることができる唯一の存在だった。だが今や映像も〝オーディエンス〟が制作し、その映像や動画がウェブ上に多数出まわっている。

●ニュースを編集し、どのニュースをトップに持ってくるかはメディアにしかできない特権だった。でも今は、誰もが自分で編集し、自分にとってのトップニュースを自分で選ぶことができる。

●メディアは一元的な管理体制によって、人々と世の中をつなぐ権限を一手に握っていた。メディアは人々と世の中を縦につなぐことはしたが、横のつながりを生むことはなかった。今では、縦のつながりだけでなく、現実世界で市民と市民のつながりや、間接的なつながりが生まれている。

……既存メディアだけを見ている目はもうない。報道も今では、プロと素人の両方が存在する。人々が使いはじめている新たなプラットフォームは一方通行ではなく、そこで生まれるものを操作することもできない。メディアと人々の力関係がこれまでとは変わったのだ。

かつて〝オーディエンス〟と呼ばれていた人々は、〝人〟となった。これからは、事実はより正確に、作りごとはより少なくせねばならない。できることの幅は広がったが、予測はしづらくなるだろう。

メディア関係者の諸君、この変化は喜ぶべきことである。歓迎しようがしまいが、そういう時代になったということは理解していただきたい。


大勢の人々が、個々の解釈、見識、意見、手持ちの情報を公表しており、誰がいつどの情報に影響を受けてもおかしくない。これまではメディアからの情報を求めていたかもしれない。だが今は、自分の欲しい情報を、自分のタイミングで、自分の好きな方法で入手し、話したい相手と話題にする。その過程に、もうメディアの情報配信の仕組みは必要ない。

フォレスター・リサーチ社のジョシュ・バーノフもまた、素晴らしい文章を書いている。

〝ユーザー〟という言葉にはもううんざり

ソーシャルメディアに関する記事を目にしたり書いたりすればするほど、〝ユーザー〟という言葉にイライラさせられる。

ユーザーが大切な存在であることは、今や周知の事実である。失望させれば、彼らはよそへ行ってしまう。それなのに、なぜ未だに彼らのことを〝ユーザー〟と呼ぶのだろう？　これは、使う人ではなく技術のほうを重んじる言葉だ。

確かに、「テクノロジーを使う人」という意味にもなるが、そんなことを言い出せば、アメリカ人全員がユーザーだ（アメリカにおけるネット普及率が八〇パーセント近いことを考えれば、あながち大げさではない）！　かつて〝ユーザー〟は、「ただコンピューターの前でじっと待っている人」という意味で使われていたが、今では彼らも自分の手でさまざまなことができる。

「食洗機のユーザー」「小売店のユーザー」「電話のユーザー」という言い方はしない。それならば、コンピューターやブラウザやソフトウェアを使う人のことも、〝ユーザー〟と呼ぶのをやめるべきではないか？

一日でいいから、〝ユーザー〟という言葉を使わないでみてほしい。そうすれば、驚くほどものの見方が変わるはずだ。

ウェブの〝ユーザー〟と言えば、今や情報を求める人全員が含まれる。アプリケーションソフトの〝ユーザー〟には、業務を遂行する社員が含まれる。企業サイトの〝ユーザー〟は顧客だ（フォレスターでは、ウェブサイトのユーザビリティ向上などのテクノロジーを担当する部署のことを「カスタマー・エクスペリエンス・チーム」と呼ぶ。これはいい呼び名だ）。〝ユーザー〟が作成した記事や動画は、素人メディアとして扱われる。

こうして文章にして考えをまとめると、（少なくとも私の頭の中は）驚くほどすっきりする。言葉というのは本当に大事だ。

ジミー・グータマン（オライリー社のウェブサイト内にある「オライリー・レーダー」の編集責任者）も、オライリー社内で〝ユーザー〟という言葉はもう使わないと宣言した。いいぞ、ジミー！

さあ、今度はあなたの番だ。このブログのコメント欄に書き込んでくれてもいいし、自身のブログで宣言しても、この記事にリンクを貼るのでもかまわない。どうか次の誓いを立ててほしい。

「今後、可能なかぎり〝ユーザー〟という言葉は使いません。テクノロジーを使う人のことも、これからは、顧客や友人だと思うようにします。彼らを利用することも、彼らに利用されることもありません」

今や、個々の求めに応じた情報を提供しないと、信用できる情報源として見てもらえない。従来のジャーナリストも市民ジャーナリストも、不特定多数に向けた売り込みや、自分に関係のない情報が送られてくることを嫌う。はっきり言って、それは今に始まったことではない。ただ、その嫌悪感が以前にも増して強くなり、売り込みや無駄な情報を送ってくる質の低いPR担当の氏名を公表するようになったのだ。

PR業界のベテランたちは、自らは舞台裏で戦略と計画の策定に従事し、前線に若手を送り込んで〝オーディエンス〟に〝売り込みのメッセージ〟を送りつけさせ、大きな話題になることを願ってきた。PR会社の大半が、シジョンなどのコミュニケーションをサポートする企業からターゲットの連絡先を入手し、日々メールを送っている。部分的に修正すれば個々に宛てたメールのように見えるマスメールを、どれだけ多く送れるかが勝負というわけだ。つい最近までは、それで記事にしてもらえた。キーワードを元に選定した三〇〇名のターゲットにマスメールを送れば、一〇~二〇の反応があり、ちゃんと記事になったのである。

しかし、PR業界は慢心に陥っていた。量より質が重視され、顔の見える直接的なアプローチが有効だと言われるようになってもなお、プレスリリースや不特定多数に向けた売り込みメールを大量に投下することしかしなかった。ご承知のとおり、ウェブは基本的に売り込みが通用しない世界だ。不特定多数に向けて押しつけがましいものを送るのは危険な行為である。今やほとんどの人が、売り込みメールをスパムと同義にとらえている。

いくら「オーディエンス」や「ユーザー」のことを考えたマーケティングを議論していても、そういう用語を使っているかぎり、一対多数の構図が透けて見える。ところが「一人ひとりの人」が相手だと思うようになると、自然と一対一のコミュニケーション戦略が生まれる。一方的な発信ではなく対話を考えるようになる。対象は個人である必要はない。同じ興味を持つ人々が集まるコミュニティや、コミュニティの窓口となる人々が対象であっても、個人と同じに考えてコミュニケーションを図るようになる。

コミュニティの一つひとつに目を向けると、情報の届け方をコミュニティごとに変えざるをえない。どんな相手とコンタクトをとりたいのか、なぜそう思うのか、その相手は何に関心を持つのかを特定することが、ウェブで受け入れてもらうための最低条件である。それができたら、相手が情報や対話を求めて訪れる場所を突きとめて、接触の仕方を決める。使用する媒体は重複することもあるだろうが、届ける内容は相手によって異なる。この点が、不特定多数に向けたPRと、顧客が一対一のレベルで直接影響を受けるものに向けたPRの大きな違いだ。

メッセージだけでは人の心は動かない

消費者のことを話題にするときは、「メッセージ」という言葉を使わないようにしよう。人の心はメッセージでは動かない。今よりもどう快適になるのか、以前できなかった何ができるようになるのかを具体的に伝え、それを相手が自分の日常に当てはめてイメージできるようにすることが大切だ。

人々との対話への参加がマーケティングであり、対話が市場である。だが、メッセージは対話ではないし、メッセージのための市場も存在しない。それに、メッセージをただ聴いてくれる〝オーディエンス〟はもういない。

対話を持とうとするときの悪い例をここに紹介しよう。


こんにちは。ブライアンと言います。僕は将来、コミュニケーションの世界に革命を起こしたいと考えています。情報の民主化とUGCがキャズムを超えてメイン市場に広がりを見せ、PR業界に革新的なパラダイムシフトが起ころうとしている今、クルートレインに乗り、アーリー・アダプターに影響を与え、市場のマジョリティに活気を与え、ウェブ2・0でロングテールを形成する世界中の少数派の人々とのつながりを持つ、それがこれからのPRのあり方なのです。


……。こういう話し方をする人とは、つながりを持ちたくない。貴重な情報を与えてくれるとはとても思えない。この手のタイプが近づいてきたら、直ちにその場を立ち去ったほうがいい。

人は、相手の意見を見聞きしてから、関わるかどうかを決める。従来のマーケティングアプローチでは、アプローチする相手のことはそれほど重視しない。たとえば、自分自身や商品のプロフィールを複数のソーシャルメディアに登録しても、消費者のことをオーディエンスやユーザーと考えているうちは、「彼らに適したメッセージを届けるには、プロフィール欄に何を書いたらいいだろう？」とは考えないはずだ。プロフィールには、あなた自身、あるいはあなたが扱う商品の「本当の姿」が現れる。言わば、対話を通じて人間的な側面を見せる「あなた（商品）の声」なのだ。

つきつめれば、ＰＲは「人」のために行うものである。ソーシャルメディアに積極的に参加しつづければ、自然と相手に応じて伝え方や伝える内容が変わってくる。これが、一方的にメッセージを伝えるのと、相手に関心を持ってもらうことを意識して伝えることとの違いである。コミュニティの人々やインフルエンサーと真剣に対話をしているときは、自分が伝えたいメッセージのことは忘れ、相手のためになる情報を提供することで頭がいっぱいになるものだ。そう、マーケターやライバルの立場になって考えるのではなく、世間の人々や顧客の立場になって考えるようにならなければならない。

自分が消費者だったらどうだろう。売り手から一方的に送られてきたメッセージが決断の決め手になることはないはずだ。一個人、一顧客としての自分に向けられた情報に基づいて検討しているだろう。

マスメディアを使えば広く情報を届けることはできるが、今はもっと直接的に影響を与えることのできるチャネルや、顧客と直に対話が持てるコミュニティに関わっていくことが不可欠だ。

一つのツール、一本の記事、一つの話題で人の心を動かそうと思うこと自体に無理があるのだ。B2BであれB2Cであれ、従来の考え方は捨てよう。そうすれば、あなたのものの見方が変わる。人々への接し方も変わる。プレスリリースの書き方も変わる。情報の届け方も変わる。それに何より、オープンで誠実なやりとりができるようになる。

売り込みではなく対話主体のアプローチに変えれば、良好な関係が育まれ、カスタマーサービスの質が向上し、商品に対する共感や信望が高まる。情報を発信する側の人間的な部分を見せながら対話に参加することが、これからは不可欠なのだ。

7 ブロガーとの付き合い方

PRはコミュニケーションが仕事なのだから、対話に参加して、情報の共有や対等な意見交換、よりよい関係構築を促して当然だ。だが残念ながら多くのブロガー、記者、アナリストは、「PR関係者は自分に都合のいいように情報を操作することと、質の低いプレスリリースを量産して売り込むことしか考えていない」と思っている。我々PR関係者は、そういう批判的な見方を認識し、それを変えてもらう努力をする必要がある。

とにかく「情報の受けとり手にとっての価値や意味を考えずに、一方的に宣伝するようなPR」をしてはいけない。直接的あるいは間接的に、一方的に宣伝したくなるときもきっとある。だが、そこで流されてはいけない。

尊敬と理解の心で接する

意外に思うかもしれないが、ＰＲする側とインフルエンサーは未だ微妙な力関係にある。インフルエンサーは必ずしもＰＲに好意的とはかぎらない。むしろ彼らはＰＲの存在そのものを疑問視していて、情報を共有するまでのプロセスの見直し（修正）を迫っている。一方、ＰＲする側にしてみれば、彼らからＰＲを守らねばならないという意識がある。

だが、たいていはインフルエンサーの言い分が正しい。彼らの不満は、ＰＲ会社が紹介されることを目当てに情報を送りつけてくることにとどまらない。情報を提供する仕組みそのものを問題視しているのだ。たとえば、ＰＲする商品の業界関係者と対等に話もできない新人や、他者とつながることの意味を考えようともしない人にＰＲさせているところに問題を感じている。これは昔から言われている苦情である。今こそ、コミュニケーションの図り方、つながりの持ち方、意味のある対話の生み出し方を心得ていて、熱意をもって伝えたいと思っている人にその役割を委ねるときだ。

ＰＲ業界に入ると、初日から、メディア・リレーションズ（報道機関との付き合い方）やアナリスト・リレーションズ（アナリストとの付き合い方）のルールを仕込まれるが、今ではそこにブロガー・リレーションズ（ブロガーとの付き合い方）の育成も加わった。ブロガーは独立したインフルエンサーである。同時に一人の人間である。この点は決して忘れないでほしい。ブロガー・リレーションズで良好な関係を育むためには、尊敬、理解、コミュニケーション、情報が大きな柱となるのだ。

ブロガーとジャーナリストの違いは、情報を発信する際に利用する媒体だけだ。もちろん、ジャーナリズムの教育を正式に受けたかどうか、出版（オンラインを含む）業界で経験があるか、従来のチャネルの流通網があるか、といった違いもある。そういう経験や知識がないせいで、ブロガーはメディアに大きな混乱を招くこともあるが、考えてみれば、ブログの存在意義は、ウェブにアクセスできる人なら誰でも自分の意見を表明できるところにある。ブロゴスフィアは、世間一般の人々の手で動かされている。その中にたまたま、ジャーナリストもいれば、何かの熱心なファンもいれば、評論家もいれば、純粋に自分の意見を表明したいだけの人もいるというだけで、すべての人がブロガーであることに変わりはない。

ブログに秘められた可能性

ブログのことを、自分の言いたいことをわめき散らしているだけ、単なる日記をオンラインで公開しているだけなどと思うのは間違いだ。ブロゴスフィアは、「自分のエゴを満足させたいだけの個人の集まり」をはるかに超えた存在である。オンラインという性質上、コンテンツやコミュニティを探してつながりを持つかどうかは各自に委ねられているものの、ブログ自体はオンライン上の報道機関の一つだと思えばいい。また、多くの人々から支持されている勢いのあるチャネルでもある。ブロガーやブログ読者とつながりを築く機会を逃すということは、顧客が情報源として信頼しているチャネルから自ら身を引くということである。

ちなみに、ブログのルーツを辿るとアメリカの独立戦争にまで遡る。一七〇〇年代から、政治、議論、時事問題に関する意見や説教を個人で発行する人が現れた。新聞に掲載される意見も、一枚のチラシに掲載される意見も、主張や反論、答弁のような文章だった。知ってもらうこと（PR）の大切さ、意見を共有することの大切さを、人々は昔から知っていた。それが今は、ブログというかたちになったのだ。一七〇〇年代当時のチラシと現代のブログは、個人で印刷するか、個人でウェブにアップするかの違いである。つまり、媒体が違うだけだ。テクノロジーは変化したが、人は変わらない。当時のPRと世論は今も健在で、その精神は多くのブロガーに受け継がれ、生きつづけている。

ブログはソーシャルメディアの中心を担う存在となり、PRのあり方をあらゆる意味で変えてしまった。クライアントからは、なぜ（大手メディアに加えて）ブロガーにまでそんなに資金と労力をかけるのかと未だに尋ねられるが、我々がブロガーとの関係を重視するのは、企業やブランドに変化をもたらし、売上げを伸ばし、さらには顧客サービスを強化させられるだけの力がブログにあると知っているからだ。

J&Jが学んだこと

ブロガーのおかげで顧客とのつながりが生まれた、知名度が上がった、人々の関心を集めたという例はたくさんある。

たとえばジョンソン・エンド・ジョンソン（J&J）。同社は二〇〇八年四月に「ベイビーキャンプ」という三日間のイベントを行った。目的は、強い影響力があるママブロガーを五〇名ほど招待し、最近の育児事情について情報交換をしてもらうこと。参加者にはブログでイベントのことを取り上げてほしいとお願いはしたが、強制はしなかった。

イベントでは、朝から晩までママブロガーが喜びそうな催しが続いた。ゲーム大会のほか、豪華な食事にカクテル、キャンプファイアー、就寝前の軽い一杯まで用意されていた。J&Jは、ママブロガーの注目を集めることが会社として不可欠だとわかっていたのだ。だが、交流イベントの開催を世間に公表したとき、一部から猛烈な批判を浴びた。

以下に、エリン・コテッキ・ヴェストのブログの抜粋を掲載する。彼女は女性ブロガーが集まるサイト「ブログハー」のプロジェクト・マネジャーで、インターネット新聞の「ハフィントン・ポスト」や母親が政治について語るサイト「マムクラッツ」にも寄稿している。

ママブロガーと語り合いたいなら……

どうやら、老舗の大企業がネット上の女性に近づいて一稼ぎしようとしているらしい。いや、失礼。子どものいない女性、有色人種の女性、授乳中の女性、託児が必要な女性、レズビアンの女性、クリスチャンではない女性は含まれていない。つまり、彼らの目当ては、非同性愛者で子どもの産めるキリスト教徒の白人女性だけ。

彼らによれば、非同性愛者でキリスト教徒で子どもが産めて白人でブログをやっている女性が最重要人物で、その条件に当てはまる女性しか、ほかの非同性愛者でキリスト教徒で子どもが産める白人女性に「あれを買え！　これを買え！」と勧めないらしい。少なくとも私はそう解釈しているが、みなさんはどう思う？

腹立たしいのは、そういう考えを持つ企業、マーケター、宣伝屋などソーシャルメディアに便乗する連中が、ターゲットとするママブロガーのブログを実際には「読んでいない」ということ。そのわずかの時間を割くだけで、とんでもなくたくさんのことを学べるというのに。

ブログを読めば、乳児を抱える母親に向かって、赤ん坊も授乳も放りだして「週末に新製品を試しにいらっしゃいませんか」と勧誘しようとは思わないだろう。ユダヤ人の母親をイースターのイベントに誘うことも、過ぎ越しの祭りの時期にイベントへの参加を求めることもないだろう。

本当に残念でならない……。

これは、ブロガーとつながりを持つことを甘く見た例の中でもとりわけ耳が痛いものだが、このことから、ブロガーがブログの品位を守ることにどれだけ熱心かがわかるだろう。ブロガー・リレーションズでは、すべてにわたって繊細なアプローチが求められるのだ。

予想外の事態に見舞われたJ&Jは、ただちに対策を講じた。自分たちの判断ミスを悟ったPRチームは、苦言を呈したブロガーたちに連絡をとった。さらに、イベントの参加者一人ひとりに対し個別に謝罪した。批判は受けたものの、ベイビーキャンプに参加したママブロガーの大半はイベントに満足し、結果的には成功した。

失敗は波紋を呼ぶ

世界で最も影響力のあるブロガーの一人とされるロバート・スコーブルも、J&Jのイベントのことをブログで取り上げて次のように指摘した。

> **J&J、ベイビーキャンプで「刑務所に押し入る」**
>
> 私がマイクロソフトに勤めていたとき、PRチームからよくこう言われた。「刑務所に押し入るような真似はするなよ」
>
> 要するに、ちゃんとしているものを自分からぶち壊しにするな、ということだ。さらに言えば、悪い評判が立つようなことをするな、という意味でもある。

その言葉は、最近のJ＆Jのためにあるようなものだ。

同社はママブロガーのために「ベイビーキャンプ」を開催するという。素晴らしいイベントなのだと思う。

が、残念な点がいくつかある。
①赤ん坊を連れて参加できない。
②ブログハーのイベントと日程が重なっている。
③赤ん坊連れの希望者、同日に開催されたブログハーのイベントで講演した女性の計二名の参加を取り消した。

スコーブルの妻マリアムも、彼女のブログにベイビーキャンプについて意見を述べている。その一部を抜粋しよう。

キャンプに行くということ……J＆Jのベイビーキャンプ
ママブロガーを対象とした「ベイビーキャンプ」というイベントに誘われた。主催者は天下のJ＆J。ブログハーが主催するイベントでも必ず託児サービスがあるので、J＆J

ならば当然用意されているだろうと思った。ところが、託児についての記載が一切ない。応募サイトにアクセスしても容量オーバーなのか接続できず、ほかのママたちはどうするのかとブログを見て回った。そして、赤ん坊を連れて行きたいと申し出て参加を断られたママブロガーの記事を見つけた。赤ん坊を抱えた母親を対象にしたイベントを開催するというのに、赤ん坊を家においてこいと言うのだ。ベビー用品を作る会社ならば、それらを使う消費者のことをもっと理解したほうがいい。J&Jは、乳飲み子を抱える母親とつながりが持てる機会を自ら放棄しようとしている。いや、それどころか彼女たちを遠ざけようとしている。

問題はこれだけではなかった。参加を断られたママブロガーがもう一人いたのだ。こちらの女性は、同じ日に開催されるブログハーのカンファレンスで講演をするからという理由だった。ママブロガーの間で人気の高いイベントと同じ日に別のイベントをぶつけてくるのもどうかと思うが、よそのイベントで講演するママブロガーを尊重して招待していれば、ブログハーのイベント参加者全員にJ&Jの懐の広さをアピールすることになっただろう。ところが同社は、彼女の参加を拒否した。これもまたマーケティングの失敗である。

この二人のブログを読んだ私は、J&Jのイベント担当者を気の毒に思った。彼らに悪気がなかったのは明らかである。彼らはただ、ママブロガーとのつながりを持とうとしただけだ。ママブロガーに楽しいひとときを過ごしてもらいながら、同社の製品を試してもらおうと、入念に準備したに違いない。それがいくつかのミスを犯したために、ブログで批判の嵐が巻き起こったのだ。
私自身もイベントを主催して失敗した経験がある。だからこそ彼らに言いたい。直接話をするよりも、ネット上で話をするほうがはるかに難しいのだと。つながりを持ちたい人がいるなら、電話で話すほうが簡単だ。ブロガーとのやりとりでカギとなるのは、心と心のふれあいだ。ブロガーも同じ人間、直接話をしたほうがやりとりはスムーズに進む。ロバートも以前に言っていたように、今回のような出来事は、PRで失敗したときにどう対処するか、ブロガーと仲良くなろうとして失敗しても、その失敗を強固な関係を築くきっかけに変えられるかどうかを世間に示す好機である。

これでわかるように、個々人と良好な関係を築くことは何よりも大切だ。失敗例があるからといって、ブロガーとのやりとりを恐れてはいけない。どんな関係が生まれるかは、すべて自分次第である。マリアムの言うとおり、J&Jに悪気はなかったのだろう。ただ、人は言葉ではなく行動で判断される。ブロガーと良好な関係を築きたいなら、彼らに声をかけて製品を品評するイベントに招待するだけでは十分ではない。相手はどんな人物なのか、何に関心があるのかを本気で探って初めて、人と人との絆が生まれる。

どんなブログに注目すべきか

どの市場にも、膨大な数の読者がついているブロガーが何人かいる。そういうブロガーは、PR会社が情報を届けたい人々に影響を与えるだけでなく、マスメディアにも取り上げられる。ニューヨーク・タイムズ紙、ウォール・ストリート・ジャーナル紙、USAトゥデイ紙、ビジネスウィーク誌、ニューズウィーク誌、タイム誌、フォーブス誌、フォーチュン誌など名だたる新聞社や雑誌社が、ブロゴスフィアの観察を編集者に命じている。そこまでするのは、ブログ読者は愛読するブログを心から信頼し熱心に支持していると理解しているからだろう。読者の信頼の厚さは、アクセス数の測定と分析の月間報告に表れる。アクセス数の少ないサイトもあるが、同じ話題を共有するサイトが合わされば、大きな力となりうる。

影響力の大きいブログサイトの多くは、雑記録や個人の体験談、主張、サイト管理者の論説、本格的な報道記事など、ありとあらゆるものを掲載している。そして各分野に強い影響力を持つ論者たちが、何かを解説したり勧めたりしている。ブロガー同士がつながることで、恐ろしく強大なネットワークが生まれ、人々の情報入手法や決断の下し方を変えてしまった。

ブロガーのアクセスランキングを調べるツールを利用すれば、自分に関係する分野で影響力の強いブロガーはすぐわかる。トラフィックの分析が可能なツールもある。また、ブログ検索サイトに行けば、人気の高いブログのリンクが表示される。ブログ記事を読んだ人々がどんなことを言っているかまで追跡できるサイトや、ブログの読者数が簡単にわかるサイトもある。ほかにも、ブロガーが特定の業界のことをどうとらえているかを分析するサービスを提供しているサイトもある。

ここで気をつけてほしいのは、上位にランクされたブロガーだけが注目に値するわけではないということだ。人気のあるブロガーは、たいてい指導者的存在である。ブログ読者から尊敬され、毎回の投稿を心待ちにされている。彼らがブログで何かを取り上げれば、瞬時にそれにアクセスが殺到し、ブロゴスフィアのあちこちでその話題が繰り広げられる（その話題が数日続くこともあれば、数週間続くこともある）。だが上位にランクされていても、彼らがあなたの戦略に一番役に立つとはかぎらない。

ＩＴビジネス関連のブログで一、二を争う人気を誇るテッククランチ（www.techcrunch.com）は、二四～四八時間以内に紹介したウェブサイトに一万人近くの訪問者を送り込む。このようなかたちで生まれた訪問者を見過ごしてもかまわないと言うつもりはない。彼らが訪れてくれれば、企業やブランドの信用は増す（ブログ記事の内容と実態が伴っているのが前提だ）。とはいえ経験から言って、そういう訪問者は新しい話題や製品に目移りする傾向が強く、訪問したブランドや商品のことをもっと深く知ろうとしない。彼らの目的はブログ記事を追いかけることだからだ。もちろんなかには、その商品のことを心から気に入るブロガーや読者も必ずいる。そういう人たちは、ずっと関心を持ちつづけてくれる。

先日サンフランシスコで「ターンPRオン」カンファレンスが開催された。パブリック・リレーションズの未来について語るパネルディスカッションで、司会者の男性が「自分の市場について語るブログすべてに目を通すことに意味はあるのか」と問いかけた。そんなことをするのは「時間の無駄」で、上位にランクづけされているブログだけをチェックすればいいのではないかと。

彼は思い違いをしている。上位にランクづけされていないブロガーこそが真のインフルエンサーであり、最高の人材なのだ。どの市場にも多くの読者を抱えるブロガーがいる。確かに、そういうブロガーに取り上げられれば、ブランドの信用は上がる。だが、新規顧客を連れてきてくれたり、ブランドへの愛着を高めてくれたりするケースは必ずしも多くない。

真のインフルエンサーは、顧客と同じ立場にいる人たちだ。最良のPR戦略を求めるなら、ソーシャルメディアやマスメディアにおける影響力の強い人たちだけでなく、注目されていない商品をいろいろ買ってくれるような、いわゆるロングテールを形成する人たちの声も取り込まねばならない。そういう人たちが、顧客となりうる人々と対等な立場で情報を伝え、話題にしてくれるのだ。

上位にランクづけされていないが、個人的に気に入ったもののことを熱意を持って記事にして伝える人々のことを「マジック・ミドル」と呼ぶ。名付け親は、テクノラティの創業者デイヴィッド・シフリーだ。彼の定義では、有効な外部からのリンク数が二〇〜一〇〇〇のブログの持ち主が「マジック・ミドル」に分類される。ここに属するブロガーが新製品や新サービスを取り上げると、試してみたい気持ちになる人が多い。実際、「自分のお気に入りのブロガーが勧めていたからという理由で試したものは、数しれない」とツイッターでつぶやいている人もいる。人はときに買おうと思ったことすらなかった製品を買ってしまうことがあるが、ブログもそういう行動を誘う。

専門知識より大切なこと

PR会社や、ブロガーとの関係を築くことが大切だと気づいた企業の人事部では最近、「ブロガー・リレーションズ」がよく話題にのぼるようになった。PR担当やマーケターにお馴染みのテクニックとはまた別の、新しいスキルが必要だと気づいた彼らは、ブロガー・リレーションズ対策の新たなポジションを設け、詳しい知識のある人を雇いはじめている。

なかには、PR業界やコミュニケーション業務の経験を問わず、ブロガーを手当たりしだいに雇う会社もある。ブロガーだからというだけで、「ブログのことなら何でも知っているはずだから、会社のことを記事にしてもらえるノウハウも心得ているに違いない」と勝手に決めつけているのだ。

だが個人的な経験から言って、メディア・リレーションズ、ブロガー・リレーションズに真面目に取り組もうとすれば、メディアに掲載される仕組みよりも、情報の内容、PRするものをよく知り、PRするものの何に関心を持ってもらえるか、そして、良好な関係を育みたいという真摯な目的のほうが重要になってくる。ブロガー・リレーションズに大切なのは、常識やPRの基本だと明言してもいい。それなのに、マーケティングコミュニケーションの世界では、情報を届けたい人の身になることは忘れ、注目を集めるためのメッセージの押しつけが横行している。

ブロガーやメディアと誠実に付き合うには、メディアに掲載されるための従来の流れをひとまず忘れ、話題にしたくなるような記事を書いてもらうための土台づくりから始める必要がある。プレスリリース一つとってもわかるように、PR業界はずいぶん前からマンネリに陥っている。情報を組み立て、記事を書き、関係者と「雑談」をし、その媒体を目にする不特定多数に向けてメッセージを配信すれば完了という流れに満足してしまっている。

ブロガー・リレーションズ成功の秘訣

ブロガー・リレーションズの成功は、何と言っても相手と尊敬し合える関係が構築できるかどうかにかかっている。その関係を築くためには、PRするものについての理解が不可欠だ。しかし、自分は何をPRしているのか、人々が関心を寄せたくなる魅力はどこにあるのかを、PRに携わる人全員が「本当に」把握しているとはとても思えない。それ以前に、どんなPRが人々の参考になるか、PRするものが人々の生活をどう変えるのかを意識している人がどれだけいるだろうか？

「PRするもののことを記事にすべき理由、媒体のフォロワーや読者が興味を持つ理由を一文で伝えよ」と問われたら、あなたは何と書くだろうか？

これが案外難しい。「PRのプロ」でも答えらる人は驚くほど少ない。筆者ブライアンは、PR業務以外のことも書くブロガーだが、毎日のように何かをPRする文章が届く。だが、ブログをきちんと読んでくれたうえで、ブログにとって最も大切な〝ブログ読者〟に合わせたPRをしてくる人は皆無に近い。繰り返すが、ブロガーにコンタクトをとるなら、まずはそのブログを読むことから始めねばならない。

そして次に、そのブロガーにコンタクトをとる理由を真剣に考えること。PRするもののどの部分を、「ほかの人にも広めたい」と思ってもらえるのか？　ブロガーには、読者の信頼に応え、コミュニティの信用を維持する責任がある。読者の貴重な時間を自分のブログに割いてもらう努力をしなければ読んでもらえない。だからブロガーは、取り上げる記事選びには慎重だ。「ブロガー一人ひとりに対応する時間などどこにある？　マスメディア対応に加えてブロガーと一対一の対応をしようと思ったら、一日に何時間もとられてしまうではないか」と思う人もいるだろう。はっきり言おう。その時間をつくりなさい。

PRキャンペーンを展開するときは、ブログだけでもマスメディアだけでもいけない。また、一つの情報源で上位に表示されたブログや媒体だけに特化するようなこともしてはならない。多くの消費者が見つけて共有し、話題にしやすい場所に情報を届けるのがPRの役割なのだから。ブロガー・リレーションズも、やはり人との関係を築くことがすべてである。最高のインフルエンサーは、情報を届けたい顧客の中にすでに存在しているかもしれない。

先に紹介したＪ＆Ｊの例からもわかるように、今や多くのブロガーが、ＰＲ担当や企業を公然と批判して改善を求めるようになった。ＰＲ業界は全面的にやり方を変えざるをえない。とはいえ、ブロガーはまっとうなＰＲ担当と互いにメリットのある関係を築くことは求めている。良識あるＰＲ担当は貴重な情報源だからだ。クリス・アンダーソンが怠惰な宣伝屋の氏名を公表したのには意味がある。ソーシャルメディアは、一般の人々が自分と同じような仲間とつながることで回っている。ブロゴスフィアでの言動はすべて個人的なこととして受けとめられる、とアンダーソンは警告しているのだ。

Ｊ＆Ｊのような大企業から名もなき一個人まで、ブロゴスフィアはＰＲの助けとなりうる人々で溢れている。そういう人たちに正しいやり方でアプローチして、自分の意見や有益な情報をこまめに提供すれば、向こうも好意的な態度になって良好な関係が培われていくだろう。

- つながりを持ちたいブロガーのことを事前に勉強し、そのブロガーやブログ読者がＰＲ対象の何に魅力を感じるか理解する。
- 相手が記事にしやすいことを第一に考えて、送付する情報をまとめる。
- ＰＲ対象に関係する知識を深め、その分野がどこでよく話題にされるか、誰が話題にするかを知る。

●「スパムを送ってくるPR担当」ではなく、「有益な情報源」という立場を確立する。

この四つをつねに念頭に置いていれば、ブロガーと良好な関係を築いていける。情報を送っても好意的に受けとめてもらえ、進んでその情報を忠実なブログ読者に伝えてもらえるようになるはずだ。

8 ソーシャル時代のプレスリリース

二〇〇六年でプレスリリースは誕生から一〇〇年を迎えた。世界初のプレスリリースは、一九〇六年一〇月二八日にアイビー・リーの手によって生まれた。ペンシルバニア鉄道の列車が跳ね橋を通過中に脱線して川に落ち、五〇名の命が奪われたことを公表するものだった。「ニューヨーク・タイムズ」は、この新たな試み（プレスリリース）を「成功」と報じ、ペンシルバニア鉄道は、事故を正直に公表したとして世間から賞賛された。

この一〇〇年の間にテレビが登場し、リリースのペースは早くなったが、基本的には何も変わらなかった。しかし、ウェブが普及したことで様相は急激に変わった。華美な言葉や意味のない情報（紋切り型の表現やスペースばかりとる無意味な言葉）は増える一方だ。

その結果、プレスリリースはもう終わったと声高に叫ぶ人が大勢現れた。そう叫ぶ人たちは、みな同じ不満を抱えている。プレスリリースは、専門用語、流行語、誇張表現、無意味な詳細を羅列し、売り手に都合のいい情報を抜き出して（ときに捏造《ねつぞう》して）まとめているだけだ、と。PRのあり方はこの一〇〇年で大きく変わったが、情報発信の仕方には、そうした変化が必ずしも反映されていない。

従来のやり方

プレスリリースと言うと、おそらく次のようなものが思い浮かぶだろう。

業界をリードするX社、私たちの生活を変える画期的な〇〇を世界で初めて発表

夢の国が現実に――二〇〇七年九月某日、△△分野を牽引するリーダー〇〇氏が過去に類のない斬新なウィジェットを発表した。これは日常生活の革命だ。いつどこからでもアクセスでき、さまざまなことができる。ターゲット層はもちろん、ロングテールに受け入れられるのも時間の問題だ。そのシンプルな使い勝手に、これまでの常識が根底から覆されるだろう。

「日々の生活に革命を起こす画期的な商品を発表できることに、心から喜ぶと同時にわくわくしています。このようなウィジェットはほかにありません。まったく新しいタイプです。今後、生活の必須アイテムになると確信しております」と経営者の談（注：実際はP

R担当がこの文言を作成し、経営者は了承しただけ）。

このようなプレスリリースをニュース配信や検索エンジンで見かけると、心底胸が痛む。信じがたいことに、何人ものマーケターや経営陣が何度も検討と修正を重ねた末に、業界の人間に向けているとしか思えない意味のない文言に仕上げているのだ。だから世に出る紹介記事には、それが何なのか、誰に向けたものなのか、旧作や他社製品との違いは何か、それを使う人にどんな価値やメリットをもたらすのか、といった肝心な部分が入っていない。

新しいリリースの「書き方ガイド」

二〇〇七年一〇月、筆者ブライアンは、プレスリリースの書き方をまとめたガイドを作成し、『プレスリリースの書き方ガイド』のプレスリリース」というかたちで発表した。このガイドには、分析と調査に基づいて作成された「相手に喜ばれるリリースにする方法」が載っている。

これからのプレスリリース：余計な言葉や誇張表現を使わずに情報を届ける

ブライアン・ソリスが、理想的な――近い将来現実になると思われる――プレスリリースの書き方ガイドを作成した（ここで自らに「業界のリーダー」といった形容をしていないことに注意。そういう表現は避けるべき）。PRやコミュニケーション業務の担当者は、これでようやく意義ある記事を送り出せるようになる。「意義ある記事」とは、読者に不快感を与えることなく、その記事の真価を伝えるものだ。

これからのリリースは、箇条書きを用いて本文を記し、引用やリンクもつけるとよい。以下に、プレスリリース作成時に覚えておくべきことを箇条書きでまとめてみた。

- 顧客にとってその情報にどういう価値があるかを、具体的に提示する。
- SEO（サーチエンジン最適化）を意識したキーワードを取り入れて、グーグルやヤフーなどの検索エンジンで上位に表示されやすくする。
- マスメディアへのプレスリリースにも、ソーシャルメディアで公開したリリース記事やブログのリンクを表示する。
- マスメディアへのプレスリリースとソーシャルメディアリリースでは、リリースの趣旨、使うメディア、ソーシャル化の可否、配信形態が異なることを自覚する。

また、宣伝ではなく読み物のようなリリース記事を書くのもよい。メインとなるパラグラフで、相手にとってこの記事がなぜ重要なのか、この記事の独自性はどこにあるのか、記事で紹介しているものを使うことで誰にどんなメリットが生まれるのか、などを詳しく説明するとよい。このときに大切なのは、正直に書くこと。そして、記事を届けたい市場のニーズを分析したことが相手に伝わるようにすること。

さらには、記事の中心となる内容を補足する文章も加える。たとえば、具体的な使用例をあげるなどすれば、より強く印象に残り、読者の行動を喚起させられる。

プレスリリースの発表の際には、従来の、あるいは無料で利用できる配信サービス、あらかじめ完成しているウェブページ（静的ページ）、ブログなど、複数の媒体を使うこと。また、ジャーナリスト、ブロガー、アナリストなど、記事を届けたい相手に合わせて内容を変えることが望ましい。

真摯に相手の関心をひきたいと思えば、「○○を大変喜ばしく思っております」などという紋切型の表現は使わないはずだ。

ＰＲ２・０を提唱するブライアン・ソリスは、プレスリリースの世界をこう見ている。

「ジャーナリストの中には、うまくまとまったプレスリリースから切り貼りするのを好む人もいれば、事実だけを求める人もいる。これからは、ジャーナリスト、ブロガー、顧客それぞれの要望に応じた記事を提供していく必要がある。彼らの関心をこちらに向けさせつづけねばならない」

リンクの大切さも忘れてはいけない。リンクアドレスが長すぎる場合、タイニーＵＲＬ・

ドットコムのサイトにアドレスを入力して、短縮アドレスを入手すればよい。リンクは次のようなかたちでリリース記事に記載する。

ブログ：www.briansolis.com
ウェブサイト：www.future-works.com
RSSフィード：http/feeds.feedburner.com/Pr20
関連記事や動画一覧：http://del.icio.us/briansolis
制作した資料等：www.flickr.com/photos/briansolis

プレスリリース作成時の注意点

情報の繰り返しは避けたほうがよい。意味のない語句も使わない（掲載が有料のメディアもある。不要な語句のために余分な料金を払うことはない）。PR対象の企業について具体的なイメージがわく情報（マーケットシェアや市場での地位など）は必ず入れる。また、ライバル社との違いがわかる情報（注目に値する事実、マーケットシェア、会社の歴史など）、さらには記事の内容を補足する情報も提供する。

マスメディアやソーシャルメディアの媒体やインフルエンサーが連絡をとりやすいよう、自身の連絡先情報についてもしっかり明記すること。

連絡先：ブライアン・ソリス（PR2・0／フューチャー・ワークス）
電話：408－720－8228（内線101）
メールアドレス：brian[at]future-works[dot]com
リンクトイン：www.linkedin.com/in/futureworks
フェイスブック：http://tinyurl.com/38su7l
ツイッター：www.twitter.com/briansolis
vカード：http://tinyurl.com/3242wm

優れたリリース、一〇の条件

流行や誇張表現を取り入れただけのプレスリリースは、もはや通用しない。目的や対象読者に応じて、中身やテイストを変える必要がある。うまくまとめてあるプレスリリースには大きな価値がある。戦略的に展開すれば、そのリリースを信頼できる情報源とみなすメディアやインフルエンサーや消費者が現れ、彼らの手を通じてその有用性はどんどん高まっていく。

リサーチ会社のアウトセルが二〇〇六年一一月に発表した報告によると、情報技術者の五一パーセントが、昔ながらの業界誌ではなくヤフー・ニュースやグーグル・ニュースから情報を得ているという。IT業界だから、ではない。おそらくほとんどの業界が同じような割合だろう。プレスリリースは、ジャーナリストやブロガーやアナリストだけが読むものではなくなった。一般の人々も、何かを決めるときの参考になればと直接プレスリリースに目を通す。

消費者もプレスリリースから情報を入手する時代になった以上、彼らの関心をひく情報も掲載しなければならない。今は、注目を集めることが何よりも重視される世の中である。PR担当も、一〇〇年続いた慣習を打ち破り、時代に即したプレスリリースを作らねばならない。

プレスリリースに雛形はない。一種類しかリリースしてはいけないという決まりもない。6章でも述べたように、PR側からの「メッセージ」を受けとるだけの「オーディエンス」はもういない。市場は多種多様な人々の集まり（ロングテール）である。ただ、同じ価値観やメリットを共有する人同士は、さまざまなかたちでつながっている。だから、書いた人の顔が見えないリリースは彼らの心に響かない。ジャーナリストもブロガーもアナリストも、みな同じ人間だ。記事の質を高め、そこに人間味を加味しよう。そうすれば、読者とのつながりの深まりや情報の広がりが期待できる。

ウェブのソーシャル化によって、プレスリリースは読者や目的に応じて無数に作成できるようになった。SEOを意識したプレスリリースは顧客向けに、ソーシャルメディアリリース（SMR）は報道機関やブロガーや顧客に向けて、動画のプレスリリース（VNR）は通信事業社に――といった具合に、今ではあらゆる人に応じたプレスリリースがある。

ＳＭＲの誕生は、おそらく一〇〇年の歴史を持つプレスリリースにとって革命的な事件である。ただし、歓迎と同じくらい反対の声も多い。ＰＲ業界には新しいコミュニケーションツールの必要性に気づかない人が大勢いる。使い方や目的をきちんと把握していない人も多い。だが時代が変わった今、ＳＭＲを日々のＰＲ業務にどう取り入れるかという課題は避けて通れない。

ここで、優れたプレスリリースの条件を復習しておこう。この一〇項目は、ソーシャルメディアを活用したプレスリリースで成功するための条件でもある。

①メッセージの内容を充実させる。
②説得しようとはせず、的確に情報を伝えることに集中する。
③バランスを考えて書く。
④マスメディア、ソーシャルメディアの両方を意識する。
⑤有益な情報を提供する。
⑥根拠を引用し、引用元のリンクも掲載する。
⑦利用できるソーシャルメディアのチャネルをフルに活用し、オープンな対話の場を設ける。
⑧周囲に耳を傾ける。
⑨意見を交わす。
⑩つねに学ぼうとする。

ジャーナリストやブロガーに向けたプレスリリースは、アグリゲーションサイトや検索エンジンを通じて、消費者に直接読まれるようになった。最近では、ニュースリリース配信会社のビジネスワイヤとPRニュースワイヤが、人気ニュースサイトの「投稿された記事の引用元ランキング」でつねに上位一〇〇位にランキングするようになった。つまり、影響力の強いブロガーの相当数が、プレスリリースを参考にして記事を書いているということだ。

しかし、先にも述べたように、プレスリリースで配信される情報や話題の多くは、読者が使い回しできる書式になっていない。再利用されることを意識したつくりにすることが大切だ。また、読者一人ひとりに価値やメリットのある情報を届けることも必要だ。

相手に喜ばれるための工夫

読者に喜ばれるプレスリリースには、市場の動向が書かれ、その中で記事に取り上げている商品やサービスがどういう位置にあるのか、それを利用する人（顧客）にはどんなメリットがあるかが書かれてあるものだ。

あなたがプレスリリースを作成するときは、自分が読みたいと思える記事を書くように心がけるとよい。記事の構成やフォーマットはあまり気にせずに、情報の中身、ストーリー性、有意義な補足情報に気を配ろう。明瞭かつ簡潔に、偽りや偏見を取り除き、顧客にとって役に立つ内容にすることを第一に考えよう。書き手の顔が見える記事にするのがポイントだ。これで読者にとって魅力的な記事になる。標準的なプレスリリースなら、四〇〇～五〇〇ワードが妥当だろう。

検索で上位にくる書き方

PRニュースワイヤ、ビジネスワイヤ、マーケットワイヤなどのニュース配信サービスを介してプレスリリースを配信すると、サーチエンジンマーケティング（SEM）としての価値が生まれる。キーワードとなる単語やフレーズを用いてリンクを埋め込めば、グーグルやヤフーなどお馴染みの検索エンジンに反映されるからだ。検索エンジンを使って必要な情報を探している消費者に、検索にひっかかったプレスリリースが目に入る。事実に基づいた情報が記載されていれば、彼らはそれを参考にする。SEO（サーチエンジン最適化）対策をしたプレスリリースの最大の読者はジャーナリストではない。消費者なのである。

「消費者に認識されたければ検索結果の最初の二ページに表示させろ」とよく言われる。実際、SEOを意識したプレスリリースを配信すれば、関連する内容の検索結果に表示されやすくなる。その他、検索連動型広告、ウェブサイト上にあるキーワード、アフィリエイトなど、ほかのツールやキャンペーンも検索結果に影響する。

SEO対策用のプレスリリースを作成するときは、重要なキーワードを最初のほうに持ってくること。本文中でもいいが、タイトルやサブタイトルに入れるととくに効果的である。本文では、最優先するキーワードを三つまで選び、それを何度も使用する。検索エンジンは、太字になっている語句や、記事の前半部分で頻出する語句に注目する傾向があると言われている。

また、キーワードとなる語句にリンクを設定して、ウェブサイトの関連ページに飛べるようにするのもお勧めだ。その際は、リンク先のページのキーワードも最適化しておく。ただし、語句の繰り返しやリンクにも限度はある。やりすぎは禁物だ。

キーワード密度（一ページあたりに同じキーワードが出現する割合）は、二～八パーセントが妥当だとされてはいるが、必ずしもその範囲に収める必要はない。文章の流れを損なわないよう、「業界名」「商品名」「（その商品が属する）カテゴリーの名称」「企業名」などを記事全体に登場させ、現実に人々が検索する言葉にマッチするキーワードを取り入れるとよい。音声や動画も配信するリッチメディアにもリンクさせれば、ワード以外の検索でもキーワードがひっかかってくれる。

SEO対策用プレスリリースは、四〇〇ワード未満が妥当である。

SMR（ソーシャルメディアリリース）の登場

先にも紹介したように、PR業界に登場した新星、SMRは、ウェブ動画、動画プレスリリースと並んで、一〇〇年続いたプレスリリースの伝統を打ち破る画期的な発明だ。これを最初に導入したトッド・デフレンは、元フィナンシャル・タイムズ紙の記者である。彼は、人気ブロガーのトム・フォレムスキがプレスリリースの死滅を予見したのに対し、これからのプレスリリースはＳＭＲという新たな形態をとると反論した。ＳＭＲは社会に役立つ情報と事実を融合させた理解しやすい記事として、従来のプレスリリース、ＳＥＯ対策用プレスリリースの両方を補完するものになる――というのがデフレンの主張だ。

必要な情報を一人ひとりに最適な方法で提供するとなると、いくつもの手段が必要になる。現在配信されているプレスリリースには、動画や音声はもちろん、補足情報や詳細がわかるページへのリンクすらはっていないものが多い。ＳＭＲにはリッチメディアへの対応が欠かせない。対応すれば、それだけ多くのソーシャルネットワークに情報を公開でき、そのぶん広く人々とつながって対話できる。リッチメディアを使って記事を作成するブロガーやオンラインジャーナリストにとっても、ＳＭＲで必要な情報がすべて得られることになる。

ＳＭＲは、いわばブログの仲間だ。タイトル、導入部に続いて、事実情報、その情報の引用元、事実を裏づける市場データ（リンク付き）を紹介し、共有可能なコンテンツと組み合わせるとよい。たとえば、ヴィドラー（動画共有サイト）の動画、フリッカーの写真、ユーチューブのスクリーンキャスト（デスクトップ上の操作を録画した動画）、ドックストック（文書共有サイト）の文書、ソーシャルブックマークサービス、タグ、ＲＳＳ登録機能、リンクトインやフェイスブックに載せている連絡先など、そのいずれにもコードを埋め込んで、ブログ記事にそのまま流用できるようにするのだ。

ほかにも、トラックバック（記事のリンクをはった人の一覧を自動的に作成したり、他のサイトとの交流を促すことのできる機能）のような機能を追加してもよいだろう。この手の機能を付加すると、ブログ検索サービスで見つかりやすくなる。

SEO対策用のプレスリリースは、検索を通じて顧客のニーズを満たす手伝いをする。これに対してSMRは、ソーシャルメディアを通じてそれを行う。両者の違いは、人々と記事との出合い方と、記事を共有、配信するときに使うツール。SMRは基本的に、人々に共有してもらい、見つけてもらい、送り手の意図に沿うかたちで記事を紹介してもらうために必要な要素をすべて含んでいなければならない。

SMRはニュース配信会社を介して送るのではなく、ワードプレス、ブロガー、ムーバブル・タイプといったソーシャルプラットフォームにアップする。これらのプラットフォームは、いわばネット上の記者会見室である。SMR専門のチャネルでありながら、従来のプレスリリース、SEOを意識したプレスリリース、企業ブログなどを載せると同時に、社外の人々とのコミュニケーションが図れる掲示板にもなるというわけだ。カスタマイズできるプラットフォームは、単なるソーシャルプラットフォーム以上の役割を担ってくれる。従来のウェブページすべてがソーシャル化に対応しているとはかぎらない。一般的なウェブサイトにSMRを公開しても、ソーシャルメディアの検索には表示されないことが多いので注意が必要だ。

SMRの定義

SMRは情報をソーシャル化する素晴らしい仕組みだ。その情報を必要としている人に共有してもらう機会を生む。記事を読んだ人に、文書、リンク、画像、動画、ブックマーク、タグの引用を通じて誰かと共有することも、直接的または間接的に、配信元と相互的な関係を築くことも可能にする。だが、次のような留意点がある。

- プレスリリースの欠点を修正するものではない。
- 従来のプレスリリースにとって代わるものではない。
- ジャーナリストやブロガーだけに向けたものではない。
- SMRを扱いはじめればPR業者の価値が上がるというわけではない（それはソーシャルメディアの活用全般についても言える）。
- ニュース配信会社を通じて流すものはSMRではない。配信会社が提供するリッチメディアを使ってリリースするのも、SMRではない。
- 優れた雛形は存在するが、SMRに決まった形式はない。さまざまなコンテンツやソーシャルツールを活用すればよい。
- ウソや誇張表現を広めるためのものではない。また、情報を操作するためのコミュニケーションツールでもない。

SMRをうまく使ったケース

広告会社クレヨン（www.crayonville.com）は、コカ・コーラの依頼を受けて「Virtual Thirst（バーチャル・サースト）」と銘打ったソーシャルメディアキャンペーンを展開した。これは「体験」を販売するバーチャル自動販売機のデザインを募るコンテストで、優勝すると、サンフランシスコにあるバーチャル世界専門の広告会社、ミリオンズオブアス社の見学ツアーに招待される。ここで、自分のデザインがバーチャル世界「セカンドライフ」に組み込まれていく様を見せてもらえるということだった。

キャンペーンを広める際、クレヨンはＳＭＲを活用し、ブロガーや報道機関や消費者が自ら紹介記事を書くときに必要なすべての要素を公開した。

- キャンペーンの詳細を箇条書きでまとめたもの
- 引用してもよいもののリスト
- コカ・コーラ社、クレヨン社に関する簡潔な説明
- 連絡先リスト
- リッチメディア一覧（ダウンロードできる写真や動画、プレスリリースのＰＤＦファイルな

ど)

●関連リンク一覧

トッド・デフレンは自身のブログ「PRスクアード」でこのキャンペーンを取り上げ、コカ・コーラのSMR活用について興味深い意見を述べている。以下に紹介しよう。

コーラを飲み、クレヨンで遊ぶ

コカ・コーラがクレヨンのソーシャルメディアの使い手たちと連携し、「バーチャル・サースト」と銘打ってソーシャルメディアを使ったキャンペーンを展開した。要はバーチャル自動販売機のデザインコンテストだ。炭酸の入った砂糖水ではなく、オンラインでの「体験」を販売する自販機のデザインを募集し、優勝者には、サンフランシスコにあるミリオンズオブアス社で自身のデザインがセカンドライフに組み込まれる模様を見せてもらえるという特典がある。

この件について、勝手に批評させてもらうことにする。最初に断っておくが、これから書くことは、すべてクレヨンとコカ・コーラ(ペプシ? そんなものは飲まない)を心から尊敬しているがゆえ、このキャンペーンを向上させたいがゆえである。

また、批判的な評価を下すものについては、過去に自分も同じような失敗をしている可能性が高い、とも付け加えておく。ソーシャルメディアを使ったキャンペーンは、まだまだ発展途上なのだ。

よいと思ったこと

- コカ・コーラのようなビッグネームが、ソーシャルメディアという領域でこれほど大々的なキャンペーンを行ったという点。一つのキャンペーンのために複数のソーシャルプラットフォーム（セカンドライフ、デリシャス、SMR、ユーチューブ、フリッカー、マイスペース）を使っているのがいい。
- コカ・コーラが自社で完結させず、クレヨンの優秀なスタッフの協力を仰いだ点。
- SMRを使った点。素晴らしい！（成果をぜひ報告してもらいたい）
- コンテストの公示をソーシャルメディアだけで行った点。テレビやラジオのCMを打ったり、大手メディアを使って激しくPRしたり、ということをしなかったのがよかった。
- コンテストの内容そのもの。「体験」を販売する自動販売機をデザインするということは、リッチメディアを最大限に活用できる夢のような「販売機」をつくるということ（音声サラウンドシステム付きの3Dメガネやフォースフィードバック機能の付いた全身スーツもなしに、心底驚くようなことがどうやってできるのかという疑問はあるが、まあ、それはよしとしよう)。そういうデザインを募集するところがいい。

もう少し何とかできたのではと思ったこと

●優勝者の特典がいまいち。ミリオンズオブアス社を悪く言うつもりはまったくないが、コカ・コーラとクレヨンが本気で参加者を集めるつもりなら、もっと魅力的な特典が用意できたのではないか。参加者はサンフランシスコ周辺のベイエリアの在住者が大半を占めるだろうし、そのほとんどがハイテク業界で働く人たちだろう。そんな彼らへのご褒美が、渋滞に巻き込まれながら街の中心部までやってきて、十数時間のコーディング作業を見るだけというのはどうなのか。ベイエリア云々は忘れるとしても、私の一四歳になる息子にコンテストのことを話せば、コンテスト自体には興味を持つと思うが、優勝商品はきっとがっかりする。マイスペースやセカンドライフやユーチューブに登録している一〇~三〇代の何百万という若者が、息子と同じような反応をするだろう。これは天下のコカ・コーラが主催するキャンペーンだ。もっと魅力的な商品があったのではないか?(この件については、同じ不満を記したグレッグ・ヴェルディノのブログにクレヨンのスティーヴ・クールソンが回答しているが、私はまだ満足できていない)

●なぜブログがない? 私が見落としたのだろうか? コンテストの「特設ブログ」を開設していれば、もっと多くの参加を促すことができたのではないか。そこで何か意見が出れば、面白いものが生まれたのでは？　優勝特典を変更すべきかどうか尋ねることもできたのでは？　キャンペーンの計画段階での裏話を披露してもよかったのでは？　もしかすると、相談し合ったりせず独自の発想でコンテストに臨んでほしいという思いがはたらいたのかもしれない。その気持ちはわかるが、ブログがないと、不明点をいちいち自分で調べねばならないし、なんとなく不安にもなる。ブログで、コカ・コーラやクレヨンが抱える悩みも共有すればよかったのでは？

●デリシャスのページが物足りない。ただのブックマークは何の意味もない。ブックマークは、ブックマークした人が添えるコメントに価値がある。何のコメントもないブックマークをクリックする理由がどこにある？

●SMRを完璧でない状態で公開した。コカ・コーラの役員の顔写真くらい会社にあるだろう（「近日アップ」など二流のすることだ）。しかも、コカ・コーラのウェブサイトにはSMRの記事がなく、「バーチャル・サースト」のウェブサイトにしか「存在しない」のはいったいなぜだ？　とりあえず「なぜ」の部分は忘れるとしても、SMRは本来、ブログ記事のように扱うべきものである。つまり、記事が載っているウェブページ／投稿で、トラックバックやコメントを受けつけるということだ。

このキャンペーンには理解に苦しむこともいくつかある。たとえば、なぜSMRにクレヨンのジョゼフ・ジャッフェの顔写真が掲載されているのか？　このキャンペーンに同社にここまで依存するのはなぜか？　コカ・コーラほど儲けている会社なら、セカンドライフに関する作業など自社でできるはずだ。ＰＲやマーケティングの担当者はあまり表にでるべきでないという考え方は、もう古いのだろうか？　それに、テクノラティに登録されているタグに「クレヨン」はない……。

デフレンの記事で注目してもらいのは、「ソーシャルメディアを使ったキャンペーンは、まだまだ発展途上」という言葉。世界で一、二を争う巨大企業でさえ、まだ模索中なのである。しかし、たとえ完璧にできないとしても、その一歩を踏み出すことが重要だ。

ＳＭＲ活用のコツ

最後に、ＳＭＲを活用する際のちょっとした「秘訣」をお教えしよう。筆者がＳＭＲを公開するときは、インデックス登録のないプライベートなＵＲＬで記事を完璧に仕上げ、公式発表に先駆けて主要なインフルエンサーたちと共有するようにしている。そのＵＲＬにアクセスすれば、ブロガーやジャーナリストが記事を書くのに必要な情報が手に入るので、彼らのリサーチは最小限ですむ。そして、正式にリリースした後は、従来のリリース記事やＳＥＯ対策のリリース記事、企業ブログなどと相互にリンクをはる。また、SMRで使用したソーシャルコンテンツの親サイト（ユーチューブ、フリッカー、スクリブド、アターズなど）ともリンクさせれば、読者の手間が省ける。

作るたびに進化させよう

この章ではさまざまなプレスリリースを紹介してきたが、どのリリースにも共通して言えることが一つある。それは、プレスリリースは存在感を高める助けとなることもあるが、失敗をさらす可能性もあるということだ。配信サービス業者を使っても、彼らは文字を校正するだけで、内容までは修正できない。ウソや大げさな表現、流行の言葉で飾り立てただけの記事を公開してしまえば、顧客は混乱し、離れていく。プレスリリースが原因で、競合他社に顧客が流れることもある。

一〇〇年にわたって使われつづけてきたプレスリリースも、PR業界と同じく今が復興のときである。時代は流れ、ブロガー、ジャーナリスト、消費者はもちろん、会社に何らかの利害をもたらす誰もが、気軽に集まって情報を共有し、やりとりができるようになった。提供できる情報も、以前より充実している。

プレスリリースの進化を理解した今、SMRを活用していく心の準備は整ったはずだ。

9 動画を活用したプレスリリース

ソーシャルメディアの普及に伴い、リッチメディアを使って情報を伝える時代がやってきた。「VNR（動画プレスリリース）回帰」「VNR2・0」という言葉が生まれているように、かつてないほど手軽に動画を使ってPR情報を伝えられるようになった。たとえ今すぐ動画を扱う用意がなくても、知識とテクニックを磨いておくのに越したことはない。

普及が遅れた原因

テレビ放送の普及に伴って、PR会社は資料映像やVNRを制作して衛星配信するようになった。こうすれば、テレビ局が各地にクルーを送らずとも、簡単に最新のニュースやトレンドを編集して放送できるからだ。VNRはテレビ番組に最適な視覚コミュニケーションツールだと言われている。新製品の発表、消費者行動のトレンドや変化の記録、視覚で人の心に訴えるストーリーの提供など、使い方はさまざまだ。ＶＮＲにより、テレビ視聴者に向けたプレスリリースの作り方や広め方は劇的に変わった。

ＶＮＲを実際に制作した経験がないのでよくわからない、という人もいるかもしれないが、夕方のニュースを観ていて最新のガジェットやどこか遠くの島の人気スポットが紹介されたなら、そこにＶＮＲの映像が使われていると思ってまず間違いない。

このようにＶＮＲはＰＲにとても効果的だが、費用がネックだった。制作の割り当て、素材映像の撮影、衛星通信の利用、情報配信日時の告知作業などで、一本の制作費が軽く二万ドルはかかる。それゆえ、これまでは動画を制作してテレビ番組に取り上げてもらうことができたのは、フォーチュン５００に名を連ねるような一流企業だけだった。

動画共有サービスを利用する

ところが動画共有サービスの登場により、ＶＮＲが再びコミュニケーションツールとして脚光を浴びはじめた。オンライン動画をＰＲに活用すれば、ウェブを使ったＰＲやマーケティング活動に新たな厚みがもたらされる。

ソーシャルメディアはＶＮＲを変えた。ビデオカメラ、ウェブカメラ、ＰＣブロードバンド接続を手にした人々に、自ら制作して配信できる力をもたらしたのだ。マーケティングの知識やクチコミを広めるちょっとしたテクニックを学び、人目をひく映像を撮影するコツを習得し、対象とする人々の好みやニーズを理解する——それだけで、リッチメディアツールを使って有意義なコミュニケーションを始めることができる。

ソーシャルネットワークやツールを活用して、ライブ動画や「ウェビソード」（ウェブ動画のシリーズもの）を提供する会社が毎日のように増えている。パソコンの前にいる視聴者、そしてｉＰｏｄや携帯電話などのモバイル機器の利用者にアクセスしてもらうためだ。従来のＶＮＲも未だＰＲの貴重な戦力であることに変わりはないが、ユーチューブなどの動画共有サービスが急増し、誰もが手軽に動画を配信できるようになった今、ウェブは、テレビに並ぶ新たな放送チャネルとなった。

これからのマーケティングコミュニケーションでは、間違いなく動画も取り入れることになるが、それは単に動画の制作や配信が手軽になったからではない。インターネットが世間に定着した今、動画を視聴する人が急増しているからだ。ウェブにおける消費者の動画利用状況をまとめたものが公開されているが、その数字は驚くべきものだ。これを見れば、是が非でも動画を取り入れねば、と思うだろう。二〇〇八年一月九日、民間調査機関ピュー・リサーチ・センターのプロジェクトチーム「ピュー・インターネット・アンド・アメリカン・ライフ・プロジェクト」が、次のような発表を行った。

●インターネットユーザーの半数近くが、動画共有サイトを頻繁に訪れている。

●動画中心のサイトへの一日あたりのトラフィック量が、前年の倍になった。
●専門家の間では、「二〇一一年には、消費者の六〇パーセント以上が毎月最低一本の動画を視聴するようになる」と言われている。
●一四パーセント近くの企業が、翌年にかけてウェブ動画を使ったマーケティング活動の実施を計画している。動画をマーケティングに取り入れる企業の数は、これから数年でさらに急増する見込みである。

具体例も一つあげておこう。マーケティングリサーチ会社コムスコアが二〇〇八年三月に発表した報告によると、アメリカのインターネットユーザーが動画サイトで動画を視聴した回数は、前年比六四パーセント増の一一四億八〇〇〇万回で、その数はさらに増加の一途を辿っているという。物理的なハードル（必要とされる専門知識、機材や動画制作にかかるコスト）が低くなった今、動画を使ったPRを試す絶好のチャンスである。従来のVNRはコストがかかったが、現在では数百ドル、数千ドルで動画を制作して世界中に届けている企業がたくさんある。

ソーシャルメディアVNRは、規模や業種に関係なく、どんな会社が使っても効果が期待できる。動画を取り入れれば、少なくとも商品の使い方やよさを具体的に見てもらえる。文章中心の説明資料だけを読むのに比べて、ずっと関心が集まるだろう。

ただし、何でもVNRにすればいいわけではない。VNR（視覚で情報を伝えるもの全般）以外にも、個々のコミュニティに情報を届ける手段はたくさんある。どのデジタル媒体、どのチャネル、どのサービスを使い、どんな戦略、どんな手順をとるかは、届けたい相手のことをしっかりと調べて決めることが大切だ。また、VNRをソーシャルメディアで公開・配信する場合も、ほかの活動と同じく正しい使い方を理解し、倫理にそって透明性を維持した行動が要求される。そうした行動がとれるようになるには経験を積むしかないが、マーケターとしてではなく、ソーシャルメディアの一参加者として積んだ経験も生きてくるだろう。

さらに、動画を使ったPR戦略を本格的に始めるときは、動画の内容や映像の質にこだわるのではなく、人々の役に立つ何かを動画で提供するという目的を第一にすること。動画と一口に言っても、ウイットが効いていて笑いを誘う短編のシリーズもの、製品機能のデモンストレーションや使い方を説明するもの、役員のインタビュー、顧客の成功談など、さまざまなものがある。

動画共有をいち早く取り入れた会社に、キッチン家電メーカーのブレンドテック（ユタ州ソルトレークシティ）がある。高性能のキッチン家電の中でもとくにミキサーの性能に定評がある同社は、マーケティングディレクターのジョージ・ライトとCEOのトム・ディクソンとで、「Will it blend?（ミキサーにかけられるかな?・）」という動画のシリーズを製作、公開した。すると、その動画のクチコミがネット上に広がり大きな話題となった。その動画では、白衣を着てゴーグルを装着したディクソンが「Will it blend?」と言ってさまざまなものをミキサーにかける。過去にミキサーにかけたものは、熊手、ケミカルライト、iPhone、ビデオカメラなど。ありとあらゆるものが対象だ。

予算たったの五〇ドルで始まったこの動画は、すさまじい人気を誇り、ユーチューブで四六〇〇万回、リヴァーで七一〇〇万回再生されたものもある。トム・ディクソンはテレビ番組「ザ・トゥデイ・ショー」と「ザ・トゥナイト・ショー」に招かれ、「ウォール・ストリート・ジャーナル」「ビジネスウィーク」「フォーブス」にも取り上げられた。「ディスカバリーチャンネル」は彼らの動画を放映した。

その結果、会社の売上げは五〇〇パーセントアップし、動画見たさに同社のサイトをRSS登録した人の数は一〇万を超えた。アイデア、発想力、わずかな予算、ビデオカメラ、ウェブに動画をアップする知識だけで、これだけの成果が生まれたのだ。ブレンドテックは私たちに、オンライン動画の可能性を教えてくれた。

ちなみに、この動画は、今や同社の一事業となっている。製品の売上げに貢献するだけでなく、動画共有サイト「リヴァー」からの広告収入が五万ドル以上あるからだ。

世界的ブロガー、ロバート・スコーブルは、ウェブマガジン「ファストカンパニー」で動画を配信するファストカンパニー・ドット・TVを始めた。彼はPRや企業マーケティングの担当者に対し、オンライン動画をキャンペーンに取り入れるなら、放送に値するクオリティの心配よりも、独自性を重視したほうがいいとアドバイスしている。以下、スコーブルのブログを紹介する。

私がIT業界を愛している理由

夢物語や独りよがりな話を夢中でしてしまうことがある。業界関係者が気になっていることやブログを続けている動機などの話（一番の目立ちたがり屋と言えば誰？　自分本位で人を動かすやつと言えば？　ポッドキャスト番組「ギルモア・ギャング」で次に怒り出すのは誰か？……）になると、高校生に戻ったような気持ちになる。そういう話題は楽しく盛り上がれるし、ブログに書けば人々の注目が集まってコメントもつく。

でもたまに、「高校生気分」が吹き飛ぶようなことが起こる。そういうとき、この業界は私たちの生活を豊かで面白くする素晴らしいものを生み出しているのだと、痛感する。

考えてみれば、私は業界の最前列にいる身である。興味をひかれるものには毎日のように出合う。ただ、今回目にしたもの、話をした相手は別格だった。そのときの様子をライブ中継した。中継を観ていた視聴者の反応を見るに、別格だと感じたのは私だけではないらしい。

前置きがずいぶん長くなったが、私が言いたいのは、ライブ中継したアンディ・ウィルソン（マイクロソフトのリサーチャー）との対話は必見だということだ。アンディは、誰もが気軽に使っているテクノロジーの「裏方」を支えている人物である。木曜日にマイクロソフトのシリコンバレーオフィスを訪ねた我々は、彼から最新のテクノロジーを見せてもらった。そして同行したプロデューサーのロッキー・バーバニカ（映像業界に入る以前は、ソフトウェア開発に二〇年携わっていた）、シマンテックの技術部門の代表者、私の動画の視聴者らからの質問に答えてもらった（動画はQikというアプリを使って配信した）。

携帯電話の接続が何度か切れたため、動画は複数のファイルに分かれてしまっているが、実際に視聴すれば、なぜ接続が切れてもそこでやめずに接続し直したかがわかってもらえるだろう。

この動画はとにかくすごい。そう思った人は、ぜひツイッターやブログにリンクしてほしい。そして、動画ランキングサイトでこの動画に投票してほしい。アンディとの対話は、私のブログの常連読者だけでなく、できるだけ多くの人に見てもらいたい。たった一人の開発者がIT業界に対する考え方を変えてしまう様子を、ぜひ子どもたちにも観てもらいたい。

刺激的な話を聞かせてくれたアンディ・ウィルソン、そして、彼を雇い、この対話を実現させてくれたマイクロソフトのリサーチ部門に心から感謝！

この記事からわかるように、動画なら、興味深い何かの断片や制作過程を切り取って見せることができる。ビデオカメラを取り出してアンディ・ウィルソンというリサーチャーを録画できる機会は一度きりでも、その動画を公開すれば大勢の人に刺激を与えることができる。スコーブルは、その瞬間は二度と訪れないと知っている。たとえ携帯電話の質のよくない映像でも、ウェブ上で共有すれば、何百人かには見てもらえる。このような例を見ると、これからのPR担当は、どこへ行くにも動画が撮影できる機器を携帯すべきだと思わずにはいられない。

フォレスター・リサーチでソーシャルコンピューティングの分析を担当していたジェレマイア・オーヤングは、動画を通じて企業の人間的な部分を見せることの大切さ、さらにはその方法について自身のブログで論じている。

オンライン動画が企業経営者にもたらすメリットと動画の取り入れ方

オンライン動画が企業のトップ（幹部も含む）にもたらすメリットをここで紹介したい。私のクライアントにはすでにメールで知らせているが、ソーシャルメディアを会社に活かしたいと考えている人々にとっても参考になると思う。以下は、日立データシステムズに動画の導入を持ちかけて採用された経験から学んだことである。

この記事を読んでもらいたい人

CEOをはじめとする会社幹部、企業広報、PR、マルチメディア、インタラクティブマーケティング、統合マーケティング、ウェブマーケティング、公報に携わる人にはぜひ読んでもらいたい。該当する人物に心当たりがあれば、この記事を転送してあげてほしい。

オンライン動画が企業経営者にもたらすメリットと動画の取り入れ方

①時間の節約になる

熱心にブログを書くのは難しいと感じているCEOは多い。それは、デルの創設者マイケル・デルが「なぜブログを始めないのか?」とストレートに尋ねられている動画でも明らかだ。動画は準備と録画の時間が必要になるが、ブログよりも手軽なのが魅力だ。

②世間の人々に向かって直接話ができる

はっきり言って、第三者がCEOの代弁をするプレスリリースや、経営者の紹介を載せた会社のパンフレットにはうんざりしている。オンライン動画なら、経営者が自ら会社の「最新情報」を、自分の言葉で市場に語りかけられる。感情やニュアンスを言葉に含ませたり、ジェスチャーを交えて語ることは文章ではできない。これぞ本物の言葉だ。

③ネットワーク効果の恩恵にあずかれる

「ネットワーク」という言葉は、「バイラル」に置き換えることができる。ネットで動画を公開するときは、ブロガーやサイト管理者がほかの人たちと共有しやすいかたちをとること。動画制作・配信サービスのポッドテックで動画を作成したり、ユーチューブなどの動画共有サービスにアップしたりすれば、気軽に共有してもらえる。

④機会を再利用できる

動画共有サービスにアップする以外にも、できることはたくさんある。企業のウェブサイトやエクストラネット、イントラネットにアップする、プレスリリースに埋め込む、プレスリリースにリンクをはる、メールマガジンに添付する、投資家にメールで送る……。アップした動画をこのようなかたちでも公開すれば、ほかのウェブサイトにも動画が広まりやすくなる。これは、統合マーケティングの担当者にはとくに嬉しいメリットだ。

⑤時間を問わず、世界中の人々に一対一で語りかけることができる

ウェブは世界中で使えるので（おまけに北米の企業で最もよく使われている媒体でもある）、どこにいても簡単に見つけて共有することができるうえ、ネット上に保存されていれば長期間のアクセスが期待できる。実際ネット上でコンテンツを長期間公開するほうが、大手メディア枠を買うより効果が高いという説もある。ＣＥＯが講演しても、声を届けることができるのは、一〇人か、一〇〇人か、一〇〇〇人か……。しかしウェブを使えば、世界中の人々に声を届けることができる（以上、抜粋）

オンライン動画の強み

テッククランチの創業者マイケル・アーリントンも、企業がマーケティングに動画を使うことを強く勧める一人だ。彼は、テッククランチで取り上げてほしいと売り込んできた企業に対し、企業情報を短くまとめたオリジナル動画の作成を推奨している。そのほうが、会社のよさがすぐにわかるので記事にしたい気持ちに駆られやすいし、記事に動画を挿入することもできるからだ。彼は「新興企業の動画は大歓迎」と、会社紹介の動画を送ってくるよう呼びかけている。

オンライン動画は、さまざまな市場に存在を広める役割も果たしてくれる。動画を公開することで、その内容を知るべき人に知ってもらえる確率が高まる。それが視覚ソーシャルメディアのよさだ。ただし、アピールする相手は多岐にわたる（もはや「オーディエンス」とひと括りにはできない）のだから、動画やスクリーンキャストを制作するときは、さまざまな要素を考慮する必要がある。その選択次第で、キャンペーンの成否が決まる。

動画キャンペーンを成功させるには

では、動画キャンペーンを効率よく行うためのテクニック、動画でよく使われる用語、利用すべきソーシャルネットワークやツール、動画の種類について見ていこう。

世界で最も動画がアップされ視聴されている動画共有サイトはユーチューブだが、たいていの動画共有サイトは、利用者登録をして動画をアップすれば、世界中の人に視聴してもらえる（限定公開の設定もできるが、それはこの場の議論をある意味否定する行為だ）。企業や個人のチャネルを設定したり、動画にキーワードをタグ付けしたりして、検索されやすくすることもできる。ここで大切になるのが、それぞれのサイトが提供する「埋め込みコード」だ。これがあることによって、視聴者が自身のブログやソーシャルネットワークなどでも動画を共有できる。魅力のある動画ほど、ほかのサイトで共有される(急激に広がる)確率が高い。

動画には、製品デモのようにそれ一本で完結するタイプと、「Will It Blend?」のようにシリーズのものとがある。また、ライブ配信もあればモバイル配信もある。

ライブ配信は、リアルタイムで動画を視聴しながらチャットもできるサービスなので、企業と顧客が密につながる環境をもたらしてくれる。ユーストリームなどを利用すれば、いつどこでもライブ配信できる。シリーズものの配信に適しているサービスを企業が利用すれば、ウェブ研修、人事の発表や経営者の会見、製品レビュー、マーケティングイベント、講義、カンファレンス、講演、パネルディスカッションなどが行いやすくなる。

モバイル配信とは、スマートフォンなど動画撮影が可能な携帯端末から動画を生中継することを指す。多くの企業が、Qikやカイトが提供するカイト・ドット・TV(埋め込み型プレーヤー)などのサービスを利用して、カスタマーサポート情報や商品の最新情報、イベント案内、開発の裏話を提供したり、いつでも対話が持てる場を設けたりして、顧客と良好な関係の維持に利用している。

オンライン動画の話題では「スクリーンキャスト」という言葉を耳にすることもあるだろう。

これも動画と同様、世間に広げるのに一役買ってくれるツールだ。ウィキペディアで調べると、「スクリーンショットがユーザのパソコン画面の写真であるのに対して、スクリーンキャストはユーザのパソコン画面の動画であると言える」と一文で定義されている。

動画やスクリーンキャストを活用する際のポイントを以下にまとめておこう。

①動画はあくまでも、視覚で情報を与えるためのツールとして活用する。スパムメールの代用にしてはならない。

②ターゲット顧客のことや彼らが抱えている問題を把握し、提供する商品が彼らにどう役立つかを説明できるようにする。ターゲットを個人として認識することで、マーケティングではなく対話を持とうとするようになる。

③個性的で魅力的なものにすることをつねに心がける。

④動画に対する反響を待つ。一度流したらそれでおしまいではない。動画を見た人が自由にコメントできるようにしておく。これはブログ、ニュースレター、プレスリリースでも同様である。

⑤自社サイトでも動画を公開し、RSS登録できるようにする。

⑥動画を動画共有サイトに投稿し、最新情報や関心のある内容を検索できるようにする。

⑦動画はウェブで共有するだけでは十分とは言えない。世間に広めたいなら、タグ付け、リン

クなどで「ＰＲ」して人々の関心を集め、別の場所に再掲しやすくする努力がいる。
⑧広い視野をもって大胆な発想で制作する。
⑨映像の質などの体裁よりも、内容の充実を重視する。
⑩三分から五分程度にまとめる。どんなに長くても一〇分まで。
⑪フィードバックにはすべて目を通し、次回の動画に反映させる。

視覚を使ったコミュニケーションをはかれば、自分たちのことをより詳しく理解してもらえる。ＶＮＲは、ＰＲを新しい時代に即したものに生まれ変わらせてくれるツールだ。さあ、あなたも使ってみよう。

10 企業ブログの開設と強化

ブログは今に始まったものではないが、大企業にも中小企業にも、未だブログのことを誤解して軽んじているところが多いので、本章で企業ブログについて論じておきたい。すでにソーシャルメディアを積極的に活用している人たちにとってはあまり目新しい情報はないかもしれないが、ソーシャルメディアとうまく付き合いながら消費者を購買に導く方法を探っている人は、ぜひ参考にしてほしい。

ブログは主に、自分の考えや意見を折々にウェブに（ブロゴスフィアに）発信するプラットフォームとして利用されている。中でも、ブロゴスフィアに非常に大きな影響を与えるブロガーは「ブログラティ」と呼ばれ、その大半がフルタイムでブログの執筆にあたっている。彼らの影響力は、マスメディアのジャーナリストよりも大きい。彼らの知性やウイットに富んだ言い回し、提供される情報の的確さなどから、熱心な固定ファンが大勢ついている。ブログの誕生で、何百万という人々がコンテンツを見る側から作る側へとなった。先にも述べたが、世界中で更新されているブログの数は一億一二〇〇万以上ある。最もよく読まれているブログの中には、ホール・フーズ、デル、サン、ゼネラル・モーターズ、サウスウエスト、グーグルなどといった大企業のものも多い。

人気を集め、影響力を高めるために

ウェブには、技術的な知識が一切なくても、気軽に書いて公開し、リンクやフィードを通じて世界中に発信できるプラットフォームがたくさんある。中には本業を辞めて、フルタイムでブログ執筆をする世界に飛び込んだ人も大勢いる。そういう人たちの大半はブログへの広告掲載で収入を得ているが、スポンサーがついて、特定のコミュニティを育むよう依頼されるケースもある。ブログを始める目的は、お金が欲しい、影響力を及ぼしたい、人脈を広げたい、キャリアアップしたいなどさまざまだが、いずれにせよ、成功するのは宝くじを当てるようなものだと思われている。収入が発生するブログサイトの多くは、ブログのページや投稿欄へ広告掲載することで収入を得ている。

本格的なメディア媒体として運営し、年間に何百万ドルという収益をあげているブログもたくさんあるが、ほとんどは個人経営の店や小さな会社である。ブロガーの一番の目的は、何かを売ることではなく「自分」という人間がイメージできる文章を書くことにある。

とはいえ、ブログサイトやネット広告会社は、個々のブログページの広告枠を売り、トラフィックに基づいて収益を分配するやり方でブログの収益化を勧めている。また、追加の収入源としてグーグル・アドセンスのウィジェットを表示しているブログも多い（アドセンスとは、ページ内の文章を読み取って内容にあった広告を表示するサービス）。

ブログはB2Bコミュニケーションに取り入れられつつある一方、反応の鈍い企業もまだまだ多い。ブログを遊び程度に考えているところや、コンテンツマーケティングの一種にすぎないととらえているところも少なくない。ブログの立ち上げを急ぎすぎて、目的も定めずに始めてしまった企業もある。

ジェレマイア・オーヤングは、企業ブログを最大限に活用する方法を自身のブログで次のようにまとめている。

ブログを読むのが日課となり、自身でもブログを書いている人は、そろそろ企業ブログのテクニックを学びはじめてはどうだろう。企業ブログに関する本を読み、ブログのカンファレンスに参加し、ブロガーグループに加入し、継続的に自分のブログを更新する。さらには、PRやライティングのスキルを学び、とりとめのない会話と会社としてのコミュニケーションを区別できる能力を身につけよう。

また、オーヤングは、企業ブログのあり方を明快に解説している。まずはブログの目的を定義すること。そして、次のことを心がけるように、と。

①顧客を喜ばせる（異論のある人はいないはず）。
②企業のオープン性をアピールする。
③好意的な態度を示す。
④会社としての考えや方向性を示す。
⑤悪いイメージが広がるリスクを最小限に抑える。
⑥市場の会話の秩序を維持する。
⑦リアルタイムに生まれる顧客の声を製品開発に取り入れる。
⑧迅速に対応できるツールを活用する。
⑨非公式に製品を公開し反応を見る。
⑩クチコミを生み出す。
⑪マーケティングメッセージの意図を補足する。
⑫ポジショニングツールとして活用し、会社の可視化と差別化を図る。

その一方で、オーヤングの記事とは正反対に、自己中心的で何の役にも立たない企業ブログの書き方を教える記事もある。ブログ「カンバセーション・マーケティング」を運営するイアン・ルーリイの文章は実に楽しめた。ここに紹介しよう。

心底ひどい企業ブログの書き方

世の中には読むに耐えない企業ブログが本当にたくさんある。意図してそういうブログを書いているとしか思えない。そこで、ひどい企業ブログを簡単に書けるようになる一三のコツをまとめてみた。インターネットマーケティング戦略をぶち壊し、顧客から軽蔑されること請け合いだ。

①自分のことばかり話そう。これをすれば間違いない。最新製品のこと、自分たちの素晴らしさ、製品を買うべき理由をくどくどと説く。サイト内同士でリンクをたくさんはる。読者を徹底的に退屈させるのだ。そうすれば、一週間で最悪のブログの仲間入りだ。

②悪口を言おう。ライバルブロガーをとにかくけなす。冗談めかして言うなどとんでもない！　それでは真っ当な批判だと誤解する人も出てきてしまう！　自分は優秀だがライバルはまぬけ、と読者に明確に伝わるように書くこと。そうすれば、ゴアテックスが水をはじくように読者が離れていく。

③盗用しよう。よそのサイトからどしどしコピー&ペーストするのだ！　こんな楽なことはない！　それに、バレたときに（絶対にいずれバレる）軽蔑されるのは必至だ。もう誰も、あなたにつながるバーチャルの扉を開けようとは思わなくなる。

④読めないくらい小さなフォントを使おう。小さな文字を見ればみんな頭痛がする。頭痛が好きな人はいないので、誰も読まなくなる。

⑤スパムをばらまこう。リンクやクリックをお願いする未承諾メールを手当たり次第に送りまくる。文法を無視した文章にすることもお忘れなく。そうすれば、受けとった人は二度とブログを訪れない。これでかなり「心底最低のブログ」に近づいてきた。

⑥読みづらい色を使おう。ダークグレーの背景にグレーで書くとよい。目を凝らして読むうちに視力が低下するので、読者は離れてくれる。「最低ブログ」の常套手段だ。

⑦意味のないものにリンクをはろう。クリックすれば興味のある製品のページに飛ぶと思わせておきながら、最も売れていない製品のページに誘導するのだ。これで、ブログが嫌われるだけでなく、売上げも下がるというおまけもついてくる！

⑧文法や綴りを間違えよう。正確な文章では、ひどいブログとは呼べない。間違った綴りや文法をどんどん使おう。賢そうな印象を与えては、読者に興味を持たれてしまう。それはいいブログを書きたい人のすることだ。

⑨長く書こう。言葉の垂れ流しは嫌われる。そういう気配を漂わせれば読者は逃げていく。

⑩投稿する記事をいちいち褒めよう。これはまだ誰もやったことがないが、やってみる価値はある。
⑪投稿する記事の内容に、いちいち疑問を投げかけよう。これもまだ誰もやっていないので、ぜひ挑戦してみてほしい。
⑫何も書かないという手もある。ブログを開設して一度だけアップし、それっきり更新しなければ、あっという間にひどいブログになれる。何一つ手間がかからない、それがこの方法のいいところである。ブログなど存在しないかのような態度でいればいいのだから。もっとも、存在させないほうがよかったのかもしれないが……。
⑬思いやりを見せないでおこう。何を書いても読者のことは一切気にかけない。少しでも誠実さを感じれば、読者は離れない。そうなれば、ブログを更新しつづけなければならなくなる。恐ろしや……。

ひどいブログを書きたがっている人に一言。ちゃんとした企業ブログにしようと努力している人に、もうこれ以上ライバルは必要ない。どうかそのままでいてほしい。

理想的な企業ブログにするためのコツと、最悪のブログにするためのコツ（！）を紹介したが、自分でも調べれば、こうしたテクニックや、経営者がブログを始めるべき（始めないべき）理由を書いたものが山ほど見つかる。

会社としてブログを始めるのなら、顧客と直接話をすることを目的とし、透明性と誠実さを心がけよう。マーケティングメッセージを繰り返し伝えるだけの場にしてはならない。透明性はソーシャルメディアの活用全般において大事なことだが、ブログでもつねに心がける必要がある。

意外に思うかもしれないが、投稿者名の人物が実際に書いている企業ブログは案外少ない。たいていは経営者の指示を受けた部下やPR担当、マーケティング担当が、本人の言葉に似せて代筆している。だからその文言は、8章で紹介したようなプレスリリースに掲載される経営者の言葉と大して変わらない。ウェブ1・0の時代は「コンテンツがすべて」と言われたが、ウェブ2・0では「会話がすべて」と言われるようになった。ブログは、人々とのつながりを生み有益な情報交換を行える公の場の中でも、最も直接的なやりとりができる場である。

企業ブログの代筆の是非について、マーケターのジョン・キャスが自身のブログで論じているのを紹介しよう。

PR2・0の支持者は偽善者か？

PR業界の重鎮スターリン・ヘイガーの最近の文章を読んだ。どうやら彼は、先日PR

SA（米国パブリック・リレーションズ協会）ボストン支部が主催した討論会に出たパネリストは、みな偽善者だと思っているらしい。少なくとも私はそう受けとった。おそらく、私もパネラー側の一人だと思われているのだろう。

ヘイガー氏はブログで、そのイベントの観客からあがった質問に対するパネリストの回答に異を唱えている。その回答とは、「企業ブログはすべて社員が書くべき」というものだ。彼は「パネリストは何か勘違いをしている」と言い、こう続けた。確かに、クライアント企業の製品やライバル社の実情、R＆D、財務状況、チャネル、ポジショニング、差別化のポイントを把握していない怠慢なPR会社なら、クライアントに代わってブログを書くべきではない。また、クライアント企業の社員にブログを書けるだけの文章力があるなら、外部のPRコンサルタントをお払い箱にしてもおかしくないだろう、と。

そのうえで、さらに続けた。「社員にブログを書く時間と能力と関心があるなら、PR会社に任せるよりも本人が書いたほうがいいのは言うまでもない。だが、PR力にも文章力にも秀でた者のほうが、読者に喜ばれるブログが書ける。はっきり言って、事実に即している、役に立つ、楽しめる、飽きない、考えさせられる、定期的に更新がある、矛盾がない、重要な情報が盛り込まれている、といった条件を満たしていれば、本人が書こうがほかの誰かが書こうが、読者にとってはどうでもいい」

ヘイガー氏は、ブログをPRのツールとしか考えていないのだろうか？　私が誤解しているだけかもしれないが、彼は「クライアントにはブログを書く時間もなければいい記事を書く能力もない」と言っているように思える。だから、PR会社に代筆させればいいという主張になるのだろう。

だが、はたして技術的なことやカスタマーサポートに関することまで、PR会社に答えられるだろうか？　ヘイガー氏がブログをPR目的のものとしか見ていないのなら、申し訳ないが私は反対せざるをえない。確かに、顧客からの問い合わせなどにブログで答えれば、ブランドの好感度が上がってPRの役割を果たすことになる。だが、ブログでできることはほかにもたくさんある。

広告会社やPR会社は、クライアントに代わってブログを運営すると申し出ることも、ブログのゴーストライターになることもできるが、そんなことをして何になるのだろう？　ブログは、電話で話をしたり、同じ部屋にいて話をするような気持ちで読むものである。電話で話す相手が影武者では駄目なのと同じで、記事に署名があれば、読者はその名前の人物本人が記事を書いていると期待する。

この後、カリ・ハンソンが、自身のブログ「ファースト・パーソン・PR」でこの件に対する意見を発表した。彼女にはPR会社勤務から企業のPR担当に転身した経歴があり、このブログは、そうした自分の経験の記録を完成させる目的で書いている。いくつものクライアントのブリーフィングを手助けしてきた彼女の意見は、キャスとは若干異なる。

代筆すべきか、しないべきか……

スターリング・ヘイガーがＰＲＳＡ主催の討論会でのパネラーの対応を「偽善的」と威勢よく批判したのを受けて、ジョン・キャスがコメントを発表した。私はその討論会に参加していなかったが、実際に参加したダン・カッツのブログで討論会の詳細なレポートを読んだ。ＰＲ２・０エヴァンジェリスト、トッド・デフレンとトッド・ヴァン・フーシアがパネリストであることからも、その討論会はソーシャルメディアを純粋に「讃える」ものだったのは明らかだ。ふたりとも、これからのＰＲにはウェブで新たに生まれたテクノロジーを活用したアプローチが必要だと提唱する人物なので、意見に多少の偏りが見えるのは仕方のないことだろう。

討論会の最中に、観客から「ＰＲ会社が企業のブログを代筆してもよいか（すべきか）」という質問が上がった（会場が一瞬凍りついたのは想像に難くない）。パネリストはみな「ノー」と答え、企業ブログは社員が書くものだと答えた。ヘイガー氏はこの回答に納得できなかったから、なんだかおかしな不満をウェブでぶちまけたのだろう。

認めるのは悔しいが、私は彼の意見の大部分に賛成である。彼も言っているように、PR会社はスピーチ原稿やプレスリリースに載せる経営者のコメントを書くのに慣れている。ときには、署名記事を代筆することまである。現実的に考えれば、ブログもそれらと何も変わらない。実際私もPR会社LP&Pに勤めていたときは、あるクライアントのブログ記事を何本も書いた。そのクライアントとは何十回と打ち合わせをしていたので、彼らが何を重視しているかはわかっていたし、世間に伝えたいメッセージも当然知っていた。それに、クライアントよりも私のほうが業界の事情に詳しかった。だから、クライアントが出張に出ているときは、私が代わって書くことが自然に思えてそうしていたのだ。

とはいえ、パネリストの言う「ブログはネット上で対話を生み出すためのもの」という意見には私も賛成である。クライアントのコメントを本人の発言らしく「代筆」することはできても、ブログ記事で完璧にクライアントになりきることは難しい。ただ、PRのプロが代筆することにより、ウェブ上の対話のきっかけが生まれ、読者に見捨てられるブログにすることは避けられるのではないだろうか。

ブログに関する間違った思い込み

ブログの開設を拒む人が共通して抱えているのが、否定的なコメントがつくかもしれないという不安だ。確かにコメント欄を開放すれば、自分の意見に同意してくれる人ばかりではない。しかし、ブログを開設しなければ否定的なことは言われなくてすむと思うのは、少々思い込みがすぎるのではないだろうか。

ネット上で自社のことが話題になっても、その場に関係者がいなければ否定的なことを言われないか？ 当然そんなことはない。意見を募れば、自分では気づけなかったことを教えてもらえる。否定的な意見はすべて成長の機会になるうえ、会社がどう思われているかを知ることにもつながる。ただし、ブログで開放するコメント欄は、管理者が内容を確認してから掲載する承認制にすることを強くお勧めする。また、読者が増えるにつれ、自然と対話の数も増えていくものだと覚えておくとよい。

ブログを始めれば自動的に読者がつくと思い込んでいる人もいるが、それも間違いだ。読んでもらえるブログを書くのには技術がいる。自分の主張や自分が力を注いでいること、商品に対する情熱を伝えて共感を呼ぶとともに、ある程度会社のことを宣伝しなければならない。ほかのサイトへのリンクやコメントを通じてブログの存在を知らせたり、従来のPR手法を使って宣伝したりする必要がある。そうして時間がたつうちに、ブログの存在が次第に知れわたっていくのだ。

本当のメリットは何か

企業ブログは、B2B、B2Cのいずれにとっても、次のような大きなメリットがある。

●会社の声を発信できる。
●顧客とコミュニケーションがとれる。
●場所を限定せずに対話が持てる。
●会社の傾向や顧客の好き嫌いが明らかになる。
●会社の知名度が上がる。

ジェフリー・ムーアの *Crossing the Chasm*（『キャズム』翔泳社）と *Inside the Tornado*（『トルネード』海と月社）は、革新的なマーケティング戦略を操れる世代を生み出した。二〇〇〇年にリック・レバインが著した *The Cluetrain Manifesto*（『これまでのビジネスのやり方は終わりだ』日本経済新聞社）は、企業が顧客との会話を重視せざるをえなくなる――ソーシャルメディアが浸透し、「市場は会話であり、参加することがマーケティングである」という考え方が生まれると予見した。これは要するに、顧客への「売り込み」をやめ、顧客と「会話」をしなければならなくなるということだ。

ブログはソーシャルメディアの一形態である。そしてそれが、企業のコミュニケーションやカスタマー・リレーションズにはかりしれないメリットを生み出すチャネルとして一目置かれるようになった。ブログの効果は、カスタマーサービス、製品開発、マーケティング、ＰＲ、販売、企業方針に目に見えるかたちで現れる。経営者ブログや企業ブログをCRM（顧客関係管理）の一環として活用しはじめている企業は多く、そういう企業に対する顧客の支援や信頼は急速に高まっている。これらの企業は、ソーシャルメディアの力を活かして、市場で新たな会話を起こそうとしているのだ。

一方、この大きなチャンスを活かしきれていない企業も多い。中には、ブログを単なるマーケティングコミュニケーションツールととらえて「途中でやめてしまう」企業もあるが、そのような姿勢は正しくない。また、企業ブログの多くが、プレスリリースや売り込み文句を発表する場か、マスメディアで公表したプレスリリースを再掲する場に終始している。これでは昔ながらの一方的なコミュニケーションと同じで、人々の意識を操作したいがためにメッセージを押しつけているだけだ。

ウェブ上における「読む」「書く」の原理を取り込み、読み手の声も共有できる新たなウェブの一面を引き出す、それがブログである。企業の中の人間と対話できることがブログの訪問者にとっては大きな魅力であり、そういうブログが会社にメリットをもたらしてくれる。また、会社の人間的な一面を見せることにもなるので、一対一で話ができる。

成功の「公式」

消費者（インフルエンサーも含む）との心のふれあいを重視する企業は、ブログの訪問者を増やす努力をする。それが結果的に、売上げ増やブランドロイヤルティを生む。訪問者を増やすには、会社のウェブサイトのどこかに「人々」と対話ができる場を設けるとよい。ここで言う「人々」には、消費者、社員、同業者、提携取引先、重役、ライバル業者すべてを含む。そして場を設けたら、必ず告知しよう。

企業ブログとはいえ、書くのは人である。一個人として読者と対等な立場で書くことが求められる。また、本心から会話をするつもりで書くと同時に、読み手に有益な情報も提供しなければならないし、まめに更新することも大切である。つながりを持ちたい人たち一人ひとりに向かって語りかける、そういう記事を書くのだ。

企業ブログで人々とのつながりが生まれる公式は、次のようになると覚えておくとよい。

「(更新頻度の高さ＋質の高さ＋対応のよさ＋読者の視点)×利害関係者＝コミュニティの形成」

高い頻度で更新すれば、常連読者がつきやすくなる。少なくとも週に一度は、対象読者に向かって語りかける努力をすべきだ。書くときは、読み手に有益な情報、連絡事項、事実、トレンド、会社に関係する活動に触れるのはもちろん、読者のコメントを歓迎する旨も記して対話の口火を切る。対応のよさも大切だ(文章を書いて公開することよりも大切)。ブログにコメントがついたら返事を書き、よそのブログにも積極的にコメントを残し、自分のブログにリンクする。ほかのブログを読んでいる人たちにも、ブログの価値や中身を知ってもらうのだ。ソーシャルメディアはそうやってつながりを広げていくものだ。

ただし、ブログを書くときも、よそのサイトにコメントを残すときも、宣伝をしたりえらそうな物言いをしたりしてはいけない。企業ブログをマーケティングの武器にしてはいけない。顧客が抱えている問題を知り、その処方せんを信頼できるかたちで直接個々に届けるために活用しよう。

利害関係者にとって大切なことを記事にして、頻繁に更新しよう。

記事を書くときは対象読者を決め、その読者に応じた内容にする。そのほうが、やりとりが個人的なものになって信頼を育みやすい。会社の中にいる人間の真心を見せることから、本物のコミュニケーションが生まれる。

企業ブログに関する著作でお勧めしたいのが、ロバート・スコーブルとシェル・イスラエルの共著『ブログスフィア』だ。この本には企業ブログを開設すべき理由や、企業ブログを通じて国内、国外に新たな市場を開拓する方法、企業ブログのROIなどが明らかにされている。

スコーブルはNECに勤務していたときから個人ブログを始めて、そこでよくマイクロソフトを批判した。それを知ったマイクロソフトは彼を雇い、これまでどおり誰の検閲も受けずに自由にブログを書かせた。そのブログは、マーケターのレン・プライアをはじめとする多くの人々から高い信用を得た。マイクロソフトの取引相手や顧客にも同社の人間味が伝わり、「悪の帝国」というイメージの払拭に一役買うこととなった。

「エコノミスト」はスコーブルについてこう評した。「従来のPR担当が何年かかっても成し遂げられなかったことを、スコーブルは見事に成し遂げた。弱い者いじめをする独占企業というイメージが定着していたマイクロソフトを、それほど悪い連中ではないと、彼のブログの主な読者層であるフリーランスソフトウェア開発者を中心とした世間一般に思わせたのだ。他社の経営者やPR会社も、スコーブルに注目しはじめている」

企業ブログ運営のヒントとなるサイトはたくさんあるので、検索して、ブログが持つ力やブログを書くテクニック、良好な関係の育み方、顧客ロイヤルティを獲得する秘訣などを学ぶとよい。

いざブログ開設

ブログを始める意義や始めるにあたってやるべきことが理解できたら、次は、ソーシャルメディアを最大限に活用する方法や、ブログでできるだけ多くのメリットをもたらす方法などを考えねばならない。まずは、経営者、コミュニケーション担当チーム、事業開発部、マーケティング部、PR部、ウェブ管理責任者で集まって、企業ブログの開設を正式なプランとして立ち上げる話し合いをしよう。ブログの書き手を選出し、読者層を想定し、ブログの目標を定め、プランの実行に向けて動くのだ。

ブログに関する規定も早急に制定する必要がある。法務部や総務部の協力を得て、実際に開始する前に定めておくこと。さらには営業部門やカスタマーサービス部門と連携を図って、顧客が抱える問題や市場のニーズを掘り起こす。「記事のネタを見つけ、内容を吟味し、頻繁に投稿する」——こう心がけよう。何よりも大切なのが、記事についたコメントを読み、会話をしたがっている人たちと真摯にやりとりをすること。それは必ず会社のためになる。

どんな会社も結局は、自社の製品やサービスがもたらすメリットをきちんと把握しなければ、顧客とつながりを持つことはできない。ブログを始めるということは、テクノロジーを使って自らすすんで窓を開き、企業文化を外に出すということである。そうすることで企業文化は成長する。透明性を保ってオープンなコミュニケーションをとりはじめると、その会社の長所（リーダーシップスキル、蓄積された経験、顧客の信頼など）が世間に伝わる。それに、ブログを通じて対話を続けていけば、「顧客のことを第一に考えている会社」だと思ってもらえる。

「他社のブログに学び、他社の成功に学ぶ」。どうかこれを忘れないでほしい。

パート III

失敗しない
ソーシャルメディア活用法

11 効果はひとえに使い方次第

ソーシャルメディアにおける「最新のツール」はつねに移り変わり、流行り廃《すた》りもある。とはいえ、しょせんは人とコミュニケーションをはかるための道具にすぎず、コミュニケーションの戦略や方法論にはなりえない。ソーシャルツールは時とともに変わる。しかし、人や人の振る舞いは変わらない。

ソーシャルメディアの出現により、ＰＲは「売り込むこと」から「個々と誠実に向き合うこと」へと変わった。

ネット上では、あなたのいないところで、今まさに対話が当たり前のように起こっている。その対話に参加しなければ、回答や質問、提案や文句を言うことができないだけでなく、対話の流れを見守ることもできない。誤った認識があちこちに広がっても、誰に正されることも疑問視されることもない。ライバル社の人間や事情をよく知らない社内の人間が、あなたのいないところで勝手なことを言いだす恐れもある。

ネットで対話を持つことや、対話に入っていくことを恐れてはいけない。否定的なことを言われる可能性はある。おせっかいを焼かれることもある。なぜ対話に入ってきたのかと問われることもあるだろう。だが、参加しなくても、否定的なことは必ず言われるものだ。こう考えてはどうだろう。否定的な意見は、少なくとも認識を改める機会をもたらしてくれる、と。

やれば誰でも使いこなせる

ここ数年の間だけでも、ツールやネットワークはずいぶん変わった。FAX機が日常業務に欠かせなかった時代は遠い昔のようだが、大して前でもない。それを思えば、コンテンツを配信、共有、発見する媒体も、この先変わりつづけていくのは間違いない。慣れるよりも先に新しいツールが出てきてしまうだろうが、機能性はどんどん向上し、さらに手軽にやりとりができるようになっていくだろう。人は一度何かに慣れると、なかなか新しいものが覚えられないが、最新のツールやサービスが現れるたびに、興味がそちらに移るのも事実である。ツイッターを中心に使おうか。いや、あっちもよさそうだな。なんだ、今度はSNSでもミニブログサービスが始まったのか。それも試してみよう……という具合である。

ついていけないほどの早さで次々に新しいものが現れるコミュニケーションのためのツールやサービスが、注目集め合戦やソーシャルネットワーク疲れを引き起こす一因となっているのは否めない。ただ、既存の顧客や見込み客とつながる機会をかつてないほど生んでくれているのも確かだ。自社やクライアントのために利用するソーシャルツールやSNSの多さに閉口しそうになったら、一歩ひいて、企業が（さらには自分が）つながりたいと望む人々との交流の架け橋になってくれるものであることを再確認するとよい。

「こんなにたくさんツールがあると、どこから手を出せばいいのかすらわからない」「なぜこんなものに夢中になるのかさっぱりわからない。今の若い人にはついていけない」といった「ぼやき」をよく耳にする。コミュニケーションに対するジェネレーションギャップの典型だ。まずは、今後も新しいツールが次々に出てくることを事実として認めてしまおう。ソーシャルメディアを利用していないと（閲覧しているだけの人も含む）、続々と生まれる新しいテクノロジーに圧倒されそうになる。だが若い世代はもう、ソーシャルネットワークやソーシャルツールを使って交流を始めている（使い方を理解しているから、当然、有意義な対話に参加したり、自分から対話を起こしたりするのがうまい）。とはいえ、そんな世代ではないからといってあきらめることはない。彼らよりも少し余分に努力をすれば、必ず使いこなせるようになる。

一員になりきる

ソーシャルネットワークは、参加する人たちの手でかたちづくられていき、それぞれのネットワーク特有の個性が生まれる。時がたつにつれ、一種独特の文化のようなものが生まれる。それがあるから、利用者間で利害抜きの有意義な体験が共有できるのだ。もちろん、ネットワークを維持するには費用がかかるので、広告枠を売って収入を得ているネットワークは多いが、SNSに広告を出稿しただけでは、カンバセーショナルマーケティングにもダイレクトマーケティングにもならない。そもそも、支持するSNSの連帯感を高めたり発展を促したりしても、それ自体は本当の意味でのマーケティング活動ではない。自分の素性を明らかにして誠実な態度でやりとりに参加することこそが、今の時代に有効なマーケティングのあり方であり、そこに宣伝や売り込みをする余地はない。

また、SNSにおける人々の行動を支えているのはテクノロジーなのだということも頭に入れておく必要がある。この事実は決して変わらない。これからのPRは、関係者全員が、さまざまなソーシャルネットワークを正しく評価できるテクニックを身につけなければならない。

PRの成功は顧客と顧客の人脈にかかっている――これに異論のある人はいないだろう。結局、ブランドがどう認識されるかは、彼らの感情、経験、気分、そして身近にいる人から受ける影響で決まる。彼らの気持ちを操ろうとするメッセージを流したところで、信頼も良好な関係も生まれない。だが、彼らの信用や彼らとの関係は、何としても獲得しなければならない。それが得られて初めて、買ってもらうことも、ファンになってもらうことも、知り合いに勧めてもらうこともできるのだから。

ソーシャルメディアを使っている顧客は、あなたに代わる強力な営業力となって、売上げ増や知名度の向上に貢献する可能性を秘めている。だが、アドバイスもせずに放っておけば、会社の悪い評判が立つこともある。自分のあずかり知らぬところで反発が起こる前に、その場に居合わせることもできる。だから、関係のあるオンラインコミュニティを自分の目で確かめ、彼らの声に耳を傾け、直接答えねばならない。

ソーシャルメディアコンサルティング会社パルナサス・グループのジェイソン・プレストンは、自身のブログで売り込みをしないマーケティング活動について次のように言及している。

ソリスは正しい……ソーシャルメディアに従来のマーケティングを持ち込むな

ソーシャルネットワークに集まる人々は、ブログに集まる人々よりも連帯意識が強い傾向がある。それだけに、ネットワークのしきたりを知らないまま飛び込んできたマーケターの不用意な発言に過敏に反応する。その証拠に、フェイスブックには、「ネットマーケター」を敵視するコミュニティがいくつもある。

一個人としてフェイスブックを見て回るぶんには、たとえ目的がなくてもそれなりに楽しめる。だから、個人としてなら、フェイスブックに登録し、友達リクエストを送ることをお勧めする（サイドバーから簡単に申請できる）。

だが、仕事絡みで申請してもあまり歓迎されないと思ったほうがいい。フェイスブックに参加している大学時代の友人などに、フェイスブックで「宣伝する人たち」について話を聞いたところ、みな一様に、何の意味もない、シラケるだけだと答えた。
ソーシャルメディアをマーケティングに活用する一番の方法は、ソリスがすでに述べている。ここに再掲しよう。

素性を明らかにして誠実な態度で参加することこそが、今の時代に有効なマーケティングのあり方であり、「売り込み」をする余地はない。

要するに、売り込みをしてはいけないのだ。ネット上の人々は、上辺だけ取り繕っているようなものに非常に懐疑的になる。だから、密かにマーケティングキャンペーンを展開しようと目論んでも、それに気づいた誰かが声を上げ、あっという間に広がってしまう。

ソーシャルメディアの重要さを実感したら、勇んで始める前に、まずはここで論じてきたことを振り返ってほしい。ソーシャルネットワークを甘くみると危険だ。ソーシャルネットワークを通じて「オーディエンスに向けたメッセージ」を発信して対話を引き起こそうと試みた企業は数しれない。だがそんな従来のアプローチでは、目にする人全員が不快な思いをし、あなたもPR

対象のブランドも損害をこうむることになる。

ソーシャルネットワークは「リアルタイムに売り込む場」ではない。ネットワークを利用している人たちは、宣伝や売り込みを絶対に許さない。

企業の中には、カスタマーサービスの延長としてソーシャルネットワークに参加し、マーケティングの役割をもたせているところもたくさんある。ブログというコミュニケーションチャネルを使って、顧客（潜在顧客も含む）の問題を解決したり、有益な情報を提供したり、ただ単に読む楽しみを与えたりして、自分たちの地盤に顧客とつなぎとめているのだ。

ソーシャルメディアでは、ソーシャルネットワークというコミュニティが、そこに属する人々によって形成され、運営されている。その中で、交流、友情、親近感、目的、製品、サービス、アイデアが生まれる。コミュニケーションはツールやネットワークを通じてしか行えず、どれを通じてやりとりするかは、ソーシャルグラフ（その人のネット上の人間関係）に基づいて各自が決めるが、ソーシャルネットワークごとに独自の文化があるので、順応するには目と耳を使ってじっくりと客観的に観察する必要がある。

そうして観察していると、彼らが生み出したものや感じたもの、彼らの考え方や性格がわかり、つながりたい相手が見つかる。そこにいる人たちに親近感が芽生え、その一員になりたいという気持ちが強くなる。そういう気持ちで観察と参加を続けていれば、自分が扱う商品をより身近に、より好意的に感じてもらえる機会も増えていく。企業の人間的な部分を見せる、ブランドロイヤリティを高める、顧客を獲得するとはそういうことだ。ソーシャルネットワークはたくさんあり、関心もその数だけ分散している。それが影響力が広がる新たなかたちなのだ。

オバマが教えてくれたこと

二〇〇八年のアメリカ大統領選挙は、ソーシャルメディアを活用した選挙戦の好例だが、選挙活動にウェブを最初に活用したのはハワード・ディーンだと言われている。

二〇〇四年の大統領選で、ディーンは時代の先端をいくキャンペーンを展開し、ウェブを通じたコミュニケーションを試みた。彼は当初、「私は無名ですが、今に世間に知られるようになります」とよく言っていたが、事実、ディーンのウェブサイトの存在はネットを介してすぐに知れわたった。

数名のブレーンと画期的な戦略を武器に、彼は民主党大統領予備選挙へ出馬した。選挙参謀ジョー・トリッピには、六度の大統領選を戦った経験と、コンピューター・ソフトウェア業界で培った知識があった。彼の戦術が功を奏し、ディーンの認知度はみるみる上がった。加えて、ウェブに詳しいマシュー・グロス、ゼファー・ティーチアウトの二名が考案した戦略のおかげで、ディーンのキャンペーンは「ウェブ・センセーション」と世間で騒がれた。

自身のウェブサイトにブログや複数のフォーラムを設けたことも、彼の名を広めるのに一役買ったが、サイト上に彼を支持する強力なコミュニティが生まれたことが大きかった。このコミュニティがディーンのキャンペーンを支え、ひいては他に例を見ない選挙運動が展開されることとなった。自身のサイトとは別に、「ミートアップ・コム」というサイトも設置、さまざまな人が集ってイベントを企画できるようにし、その結果、全国各地から何百人も集まった。予備選挙戦で敗れたものの、ディーンのキャンペーンは選挙史に残る成功を収めた。何しろ出馬を表明する前に、一四万人以上の支持者が集まったのだから。

オバマのキャンペーンについては、ビル・アイヴスのブログを紹介したい。

一番大切なのは人のつながり：オバマのキャンペーンが教えてくれたこと

昨年、私は「エンタープライズ2・0」のカンファレンスにパネリストとして出席した。そのタイトルは「九〇パーセントが人、一〇パーセントがテクノロジー」。新しいテクノロジーを取り入れることが前提条件のように言われているが、実際は、九〇パーセントが人、一〇パーセントがテクノロジーだというものだ。それなのに、現実には反対の割合で考えている人が多い。

友人のヴァルディス・クレブスも、「勘違いするな。肝心なのは人のつながり。だからオバマはキャンペーンでウェブを使ったのだ」とする意見を自身のブログに載せている。彼はニューヨーク・タイムズ紙の素晴らしい論説を踏まえながら（「勘違いするな。肝心なのは人のつながり」は論説の冒頭文)、次のように記している。
「……二〇〇四年、ディーンのキャンペーン陣営は、インターネットをフルに活用したと思っていただろう。だが彼らは、『ソーシャルネットワーク』を構築しなかった。テクノロジーを画期的に使ったのは確かだが、人のつながりを築くことという面で失敗した。だから大敗を喫したのだ。その点オバマは、人のつながりを築くことを第一とし、それをテクノロジーでサポートするという戦略をとっていたように思う。これが正しい順番だ。オバマのキャンペーンが成功を収めたのは、人とテクノロジーを別々に考えたり、組み合わせ方を間違ったりせず、正しく組み合わせれば、よりよい結果が得られると理解していたからだ」
ビジネスでも、まず問題を特定し、それを正すためにテクノロジーを利用すれば、たいていのことがうまくいく。オバマのウェブ戦略については、すでに何度かこのブログで取り上げている。ロブ・パターソンがこんなコメントを入れてくれたので紹介しよう。『『彼には経験がない』という人がいる。だが、彼が展開しているのは効果のあるキャンペーンのお手本だ。それはつまり、今起きていることを正しく把握できる素晴らしい洞察力がある証拠ではないのか？　フォーチュン500のCEOが彼と同じアプローチをとったら、どれほどのことが成し遂げられるだろう』
オバマのキャンペーンは、名を広めたい新興企業の手本である。新興企業だけでなく、ウェブをもっと有効に活用したい会社にとっても、学びどころがたくさんある。ニューヨーク・タイムズ紙の論説委員も私と同じ意見なのか、次のように記している。「何といっても、インターネットを使って人々とつながるとはどういうことかを理解していたからこそ、オバマは難攻不落と思われたライバルを破って民主党の予備選に勝利したのである」

オバマのキャンペーンは、人のつながりが選挙で果たす役割の大きさを示した好例である。キャンペーンで大事なのは人であり、人々が何を気にかけ、何で動き、何を思うかである（その次に大事なのが、キャンペーンを後押しするテクノロジーの理解）。

オバマは、キャンペーンで声を届けたい相手を見つけることに尽力し、その相手が気軽に声をあげられるようにした（その一環として、彼ら自身の意見を表明できるツールやコンテンツを提供したことも、支持者増につながった）。オバマの民主党内予備選キャンペーンはこの先ずっと、選挙キャンペーンの旗印となるだろう。二〇一二年の大統領選では、候補者全員が、ソーシャルメディアやソーシャルツール、そして、影響力の強いソーシャルネットワークに集う人々を中心とした戦略を立てることは想像に難くない。

メディアの民主化が進むにつれ、UGCを歓迎する傾向が強まっている。それに付随して、ブログにコメントを残す、コンテンツを評価する、ウェブ上のコミュニティで友人をつくる、マッシュアップする（複数のサービスを融合させて自分なりの使い方を楽しむ）、SNSでグループを立ち上げる、といった活動も盛んに行われている。

あらゆる世代の人を行動に駆り立てねばならない選挙にとっても、社内の人間との交流が求められていると気づいた企業にとっても、人とつながるとはどういうことかを理解することが何よりも大切だ。

ウェブは、さまざまな面を併せ持つ複雑な社会だ。そこにはコミュニケーションをはかりたい人の自尊心や情熱が溢れている。ウェブは、人間同士の、そして人と商品との絆を育む素晴らしい可能性を秘めている。

12 SNSを味方につける

オンラインでの行動は、プライベート、ビジネスに関係なく、そのすべてが自分という人間や自分が関係する商品の判断材料にされる。プロフィール、登録しているフィード、所属しているグループ、参加したイベント、アップした画像、どこかに書いたコメント、投稿記事、情報を共有している友人など、全部があなたという人間を物語るのだ。

フェイスブックの台頭

ビジネスマンの支持を集めるSNSとして注目を集めているのが、フェイスブックである。これは、マイスペース人気を理解できずにブームに乗り遅れたビジネスマンや、リンクトインの効果的な活用法がわからないビジネスマンの救世主的存在である。

フェイスブックのユーザーは、増加の一途を辿っている。その成長の著しさは、二〇〇七年にサンフランシスコで開催された、フェイスブック開発会議F8に集まった注目の大きさからもわかる。フェイスブックの創設者でもあるCEOのマーク・ザッカーバーグは、同会議をきっかけにフェイスブックのAPIを公開し、誰でも自由にアプリケーションが追加できるようにした。私もフェイスブックを使っているが、毎日のように友達リクエスト(個人的に知らない相手からも含む)が届き、知り合いの数が急増している。

SNSでは、各自のプロフィール欄が人物像を知る手がかりとなる。自分が公開を許可した項目であれば(プロフィール、アプリケーション、フィード登録、交流関係など)、他人の同じ項目を見ることもできる。つまり、何を許可するかによって、自分にできることが決まるのだ。SNSは、ナイトクラブでもなければ、ビュッフェ形式の朝食でも、ピクニックでも、スポーツ観戦でもない。仕事関係者や友人と、人間関係を育むための場である。自分の仕事、成果、専門知識をまとめて披露するのにこれ以上ふさわしいところはない。

新しいサイトが現れるたびにプロフィールを書かねばならないのかとうんざりする人は多いが、SNSで人脈を築いたりビジョンを共有したりすることは、確実に現実世界における知名度の向上につながる。コミュニケーションを生業《なりわい》としていれば、つながりたい人々が参加してやりとりを行っているアプリケーションやSNSすべてに登録するのは当然だろう。

ネット上に「自分」のブランドを

SNSは今や、人、アイデア、ブランド、ニュース、情報をつなぐ中心的な存在となりつつある。それなのに、単に個人が趣味で参加する程度のものに思っていたのでは、この先、自分や自分が関係する会社にそのツケが回ってくる。

しかし、オンラインで共有するものには十分気を配らねばならない。そのすべてが検索エンジンの検索対象となり、ウェブにずっと残るからだ。ヤフーやグーグルで検索すれば、ネット上での行動が露わになってしまう。ブログ記事、フリッカーにアップした写真、どこかにつけたコメント、ツイッターのつぶやきなどが、グーグル・アラートで通知されたり、テクノラティに表示されたりする。オンラインでの活動は、現実世界での活動とは別物であると認識したうえで、自分のためになる行動をとるよう心がけたほうがいい。

あなたはブランドや商品そのものだ。つまり、「あなた」というキーワードがあらゆるものを結びつけ、自分だけでなく、自分が関係するもののすべてを代弁するのだ。

オンラインでの活動は、すべて自分主導である。意図的であれ無自覚であれ、ネット上での人格は、記入したコメント、登録したプロフィール、更新したサイト、アップロードした記事や画像や動画によって形成される。本人の意思はさておき、少なくともそれらが「あなた」という人間の判断材料になる。その際、活動をあちこちに分散させたままでは、あなたに関する情報は人の目にとまらない。自分の情報は一つにまとめて、見つけやすいようにしておくことだ。

ネットは、自分というブランドを戦略的に構築、育成してアピールする場にもなる。先にも述べたように、参加することでオンラインでのアイデンティティが形成され、「自分」というブランドができあがる。何を生み出し育むのかも、どう管理していくかも、すべてはあなた次第である。だが、経営者も社員も学生も、ネット上での活動は、この先ずっと、あらゆる人の目に触れることになると考えれば、計画的に活動したほうが成果があがりやすいとすぐにわかるはずだ。いきあたりばったりの活動では、のちのち苦労することになる。

複数のサービス（ミニブログ、ブログ、画像、動画、ブックマークなど）のフィードをまとめ、すべての活動を一箇所に集められるアプリケーションはたくさん出回っている。それらを使って自分の活動をまとめると、自分なりのやり方で「自分」というブランドをアピールしたり、アイデアや知識を披露したりしやすくなり、「見せたい自分像」を明確に打ち出せる。能力をアピールしたり、仲間や影響力の強い人々とのつながりを維持する場にすることもできる。

ともあれ、これだけは忘れないでほしい。ソーシャルメディアに参加する目的が、求職であれ売り込みであれ知名度の向上であれ、すべての活動は検索の対象になる。ネット上で何かをするとはそういうことだ。それはあなた自身もよくわかっているだろう。多少の罪悪感を覚えながらも誰かのことを検索するのは、みなの密かな楽しみである。

ＳＮＳのことを究極のマーケティングツールだと言う人もいるが、個人的には、ＳＮＳは現実世界をうまく乗り切れるよう導いてくれるものであって、バーチャルな世界で新たな人生を始めるためのものではないと思っている。

SNSはプレスリリースの代わりにはならない

たとえばフェイスブックでは、ウォール（プロフィールページ）で電子メールやインスタントメッセージ、コメントのやりとりをしたり、個々のページにコメントやリンクや宣伝を残せる。

ロバート・スコーブルは先日、フェイスブックについてブログで次のように問いかけた。

フェイスブックがプレスリリースの配信先となる!?

ＰＲ関係者の諸君。私は今後、メールに返事をしない。正直もううんざりだ。ただし、携帯電話に届くフェイスブックのウォールメッセージは例外とする。

私のノキアはたまに「ビービー」と鳴る。フェイスブックのウォールにメッセージが届いたサインだ（携帯に転送しているのは、フェイスブックのウォールメッセージのみ）。

今日も、コルマのベビーザらス内を歩いていたら、携帯が「ビービー」と鳴った。フランク・ロシェがフェイスブックにメッセージを送ってきたとの知らせだ。そのメッセージは私のウォールに行けば誰でも見られるが、こう書いてあった。「ｉＰｈｏｎｅにかっこいい

アプリが登場。モックドック http://mockdock.com]

私はその場にいたパトリックに「これ使ってみて」とメッセージを見せた。パトリックはiPhoneを取り出して実際に使い「いいね」と言う。あまりのかっこよさに、アプリを使っている画面を思わず写真に撮ってしまったほどだ。私がiPhoneを買ったら真っ先にダウンロードしよう。このアプリがあれば、気に入ったウェブアプリをiPhoneのトップ画面にいくらでも追加できる。

というわけで、PR関係者のみなさんに提案したい。今後、知らせたい情報があれば、私のウォールに書いてほしい。これからは、フェイスブックをプレスリリースの配信先にすればいい。そうそう、私の携帯を「ビービー」鳴らすにはどうすればいいかも、もうおわかりいただけたはずだ。

＊追記：午後一〇時一六分。携帯が鳴ったのでフェイスブックのページを見に行くと、オットー・ラドケがウォールにコメントを書いたところだった。「モックドックが気に入ったのなら、モジッツも試してみるといい。僕はこっちのほうが好き」

もはやパブロフの犬状態である。携帯のビープ音が面白いものを運んできてくれる。モジッツもすごいアプリだ。

スコーブルのこの記事に対し、筆者ブライアンは自身のブログで返答した。

ロバート・スコーブルの「フェイスブックがプレスリリースの配信先となる!?」について

スコーブルが、先日のブログで「これからは、フェイスブックをプレスリリースの配信先にすればいい」と書いていた。この件について私の意見を書こう。

フェイスブックへの投稿がプレスリリースの新しいかたちになるかというと、答えはノーだ。フェイスブックに限らず、ツイッターなども従来のプレスリリースの代わりにはならない。

彼は本気で次代のプレスリリースになると言っているのではない。あの記事の行間からは、こんな本音が垣間見える。「メールが多すぎてとても全部に対応できない。何か目立つやり方を考えてくれ。私が思わず返事を出したくなるような、独創的な方法で情報を届けてくれ。そうそう、iPhoneに乗り換えたくなる理由も欲しいからよろしく」

フェイスブックの個々のプロフィールページを「ウォール」と呼ぶ。フェイスブックに登録している人なら、誰でも自由にコメントや質問を残すことができるようになっていて、動画などを共有することもできる。ウォールに追記されたものも自由に閲覧できる。

少し想像力をはたらかせれば、ソーシャルアプリやソーシャルネットワークという新たなツールが、マーケターやPR担当にどれほど魅力的か思い描けるはずだ。この画像からもわかるように、ロバートのウォールには短い売り込みメッセージが二件届いている［訳

注：実際のブログ記事にはロバートのウォールの画像が掲載されている。http://www.briansolis.com/2007/07/robert-scoble-asks-is-facebook-new/］。こういうことができるのがソーシャルツールの大きな魅力であり、その魅力を感じたからこそ、私はソーシャルメディアやソーシャルアプリについて記事を書くようになった。

ソーシャルツールは、これまでにないかたちで人々に直接会話を促す。もちろん、影響力を与えることだってできる。だからこそPR業界は、名前を伏せて背後で操作することからの脱却が求められているのだ。

フェイスブックが出現し、新たなソーシャルアプリも続々と生まれているおかげで、自分や自分の会社にとって大切な人がどこにいようと、彼らを見つけて対話に参加することがいとも簡単にできるようになった。

SNSは、人々とつながる新たな機会をもたらしてくれる。だがその場で従来のアプローチをしても惨敗する。

PR業界の問題は、まず第一に、PRするもののことをきちんと把握し、どういう人々にどんなメリットがあるのかを理解している人が少ないという点にある。第二に、メッセージを一つ発信すれば、それですべてのターゲット層を網羅できると思い込んでいる。第三に、ジャーナリストや顧客のことを「オーディエンス」とひと括りにして一方的にメッセージを発信し、彼らが自分の意思でさまざまなグループを形成している事実を無視している。第四に、時代遅れのツールを使って、メッセージの受けとり手のニーズをろくに考えもせず、不特定多数に向けて「一方的なメッセージ」を発信している。フェイスブックのウォールに従来のＰＲ文句を残して見てもらおうと思っても、うまくいくわけがない。スパム扱いされるのがおちだ。

ソーシャルメディアやマスメディアを通じてターゲットを見つける流れを以下にまとめてみた。

①顧客に何を訴えるかを決め、その提案が最も役に立つ市場を見極める。
②伝える記事に「自分」を出し、伝える相手によって内容を変える。
③情報を届けたい相手を特定し、その人たちが好む情報の受けとり方を知る。
④情報を届けたい相手の記事、動画、画像を閲覧する。
⑤情報を届けたい相手が利用しているコミュニティに参加し、彼らと同じツールを使う。ただし、いきなり売り込みを始めるのではなく、個人として参加する。
⑥サイト内の雰囲気を感じとり、情報の共有の仕方を知る。人々の話に耳を澄まし、人々から学ぼうとする姿勢で接する。
⑦売り込みはしない。人と違うことをする。説得力のあることをする。

⑧さまざまなアプローチを使うのはよいが、スパムだけは絶対にいけない。
⑨効果の高い従来のツールは積極的に活用する。あらゆるところで人間関係を育もうと心がける。
⑩新たに別のコミュニティでつながりを築くときも、①~⑨の手順を繰り返す。この手順は、イノベーター理論のベルカーブのすべての段階の消費者、ロングテールを形成する人々にも適用できる。

フェイスブックは次代のプレスリリースにはならないが、人々の関心を集められる場であることは間違いない。ツイッター、マイスペース、リンクトインなども同様だ。

失敗を恐れずに

SNSは、不要なものを排除し、メール受信ボックスの容量オーバーやスパムの受信を防ぎ、突然の電話を避けるためのものであり、個人的な関係を築き維持するためのものである。そして、つながりを持ちたい個人やグループに、彼らにとって価値のある情報を提供するという、新しいかたちのマーケティングを可能にするものでもある。

そしてまた、SNSは個人のブランディング活動の場であり、失敗から学んでよりよいアイデアが生まれる場でもある。SNSでの活動がPRに結びつくかどうかは、何を提供し、人々とどう接するかにかかっている。

13 ツイッターをPRにつなげる方法

二〇〇〇年にミニブログが登場した当時、それはまだ完成度の低いものだった。注目を集めるようになったのは、二〇〇五～二〇〇六年にSNSが普及し、密度の濃い対話の必要性が問われはじめてからである。ミニブログについても造詣が深いジェレマイア・オーヤングは、ミニブログを次のように定義している。

「信頼するソーシャルサービスに投稿する、短い音声や動画のメッセージ。携帯機器を使って制作、視聴が可能で、配信は別のソーシャルメディアツールを使って行われることが多い」

これに対して、筆者はこう定義している。

「音声、動画、画像、文書を発信できるソーシャルツールを使って、所定のウェブコミュニティや携帯サイトを見ている友人やフォロワーに向けて作ったあらゆる形態のコンテンツ」

ミニブログは、ネット上のコンテンツの作り方や共有の仕方に大きな変化をもたらした。ミニブログ自体の進化も著しいとはいえ、飛躍的に利用者が増えているのは、おそらく対話を誘導するコンテンツが気軽に大量に生み出せるからだ。ツイッターをはじめとする主なミニブログサービスでは、一度に一四〇字までしか書き込めない。マスメディアともソーシャルメディアのどのチャネルともコミュニケーションのとり方が異なるミニブログ。これもコミュニケーション手段の一つとしてマスターしたほうがよいだろう。

一口メディアを楽しむ人たち

ミニブログの登場により、「メディア・スナッキング（一口メディア）」と呼ばれる市場が生まれた。「一口サイズ」の情報を提供するという意味だ。

ミニブログは、好きなとき、好きな場所で情報や意見をやりとりできる。とくに二〇代や三〇代の若者に利用者が多いと言われているが、それは彼らが「ソーシャル化を肌で感じながら育った世代」であることも関係しているのだろう。もちろん、ミニブログの利用者は若い世代に限らない。社会をソーシャル化に向かわせ、共有できる資産を生み出しているのは、コンテンツを管理する人、作る人、視聴する人、時代の先を行くリーダーたちである。ミニブログもまた、そういう人々に後押しされている。

とはいえ、ソーシャルメディアにうんざりし始めている人も多い。SNSやコンテンツ発信ツールが次々に現れては消えていき、RSS登録はブログでいっぱい。ツイッターなどのミニブログサービスでは、矢継ぎ早に更新される。ソーシャルネットワークに一度はまってしまうと、見ずにはいられない。どのサービスも、更新や最新情報を知らせてきては、しきりに参加を呼びかけてくる。

ただ、選択肢の多さに辟易《へきえき》している人が増えているからといって、ミニブログがいずれ淘汰されると思うのは間違いだ。それどころか、最終的には誰もがミニブログでコミュニケーションをはかるようになっていくかもしれない。各自が自分に最も適したサービスを見つけたら、今当たり前に使っているツール（電子メール、インスタントメッセージ、電話など）が使われなくなることも考えられる。

ミニブログの魅力

ミニブログは、自発的に更新するという点ではブログと同じである。ただし、その内容は自分の行動（今していること、読んでいるもの、考えていること、計画していること、学んでいること、共有しているもの）の記録と呼んだほうがいい。ミニブログの一番の特徴は、更新内容が時系列で公開表示されるということだ（これを「TL」または「タイムライン」と呼ぶ）。あなたが更新した内容はフォロワーのタイムラインに表示され、返信などのやりとりができる。誰かの更新情報をつねに知りたいなら、その人をフォローすれば自動的に自分のタイムラインに表示されるというわけだ。

ただし、たとえばツイッターなら一度に一四〇字以下しか更新できない。ミニブログは、短い内容、すなわち少ない言葉で多くを語るところに価値がある。ファイル、画像、リンク、音声、動画を共有したいときは、短い説明文の後にアドレスを添付すればよい。

ミニブログは、対話の新たなあり方を生み出し、人々のコミュニケーションの幅を広げた。パズルのピースのように情報を少しずつ共有していくことで、その人物の全体像やその人をフォローしたくなる理由が見えてくる。

一番の魅力は、特定の商品やブランドに関係する対話がすぐに見つけられることだろう。グーグルやヤフーで検索しなくても、ミニブログで検索すれば、リアルタイムに行われている対話や発言がすぐに見つかる。

これらの対話は本当に貴重だ。どう思われているかがわかるだけでなく、その人たちの認識を改める機会にもなる。ミニブログのやりとりを閲覧し自分も参加することの最大の価値は、生の声をタイムリーに聴けることだ。新たな視点、考え方、感想を得ることもできるし、今後の参加の仕方の参考にもなる。また、会社やブランドに対する世間の評価や意見は、今後の製品開発、カスタマーサービス、マーケティング活動をどう改善すべきかも教えてくれる。

実際、成功している商品やブランドの多くは、ツイッターをカスタマーサービスのツールとして使い、顧客の問い合わせや批判に対処したり、アドバイスや有益な情報を提供したりしている。

先にも述べたように、ミニブログは人々の対話の仕方を大きく変える。だが、これらをどう扱えばいいか悩んでいる人は多いだろう。サービスが多すぎて、いちいちじっくり読んだり観察したりする時間もなければ、そんなことをしたくないと思っている人も多い。それでも、PRにミニブログを使わないという選択肢はありえない。実際、何百万という人々が、ミニブログサービスを使ってもう会話を始めているのだから。

ミニブログは、まったく新しいオンラインの使い方を生み、人々は、つねにサービスに接続した状態で、更新、参加、発見を繰り返すようになった。気軽なやりとりはもちろん、仕事上のコミュニケーションを図る主要ツールとしても広く認知され使われている。サービスに登録して参加する人も増えているし、これまでのメディアでは傍観していた人も自ら発言しはじめた。ブロガーの中には、ブログを更新する気分ではないが、ちょっとした交流をはかりたいときにミニブログがもってこいだと言う人もいる。ミニブログがこれだけ人気になったのは、いつどこでも投稿できるだけでなく、投稿に対する反応がすぐに返ってくることが大きい。ネット上における最新の「対話のかたち」は、世界中に広がっている。

ファンを育てる

ミニブログへの参加もやはり、彼らの話に耳を傾け、観察することから始まる。企業の場合、自社商品やライバル社の商品を利用した人を観察すると、現実世界で消費者が感じていることがリアルタイムでわかるようになる。そのやりとりを観察していれば、対話への対処の仕方や、すぐに使えるコミュニケーション計画を立てるうえで必要なことが見えてくる。

税務サービスの最大手H&Rブロックは、納税申告期間中、税金についての質問にツイッターでも対応した。ツイッター検索ツール（サーチ・ツイッターやツイートスキャンなど）を使って自社に関する話題を拾い、すぐに答えるようにしたのだ。

ジェットブルーとサウスウエスト航空は、あらゆるミニブログサービスを利用して、質問のある人、体験談を語りたい人、アドバイスを求めている人たちと積極的に交流している。ザッポスのCEOトニー・シェイやデルもまた、顧客の問い合わせやトラブルの解決に積極的に応じたり、特別セールを知らせたりしている。カスタマーサービスの評判がかんばしくないケーブルテレビ会社のコムキャストも、ツイッターを使って顧客のトラブルの対処に乗り出し、成果をあげている。

ほかにも、ミニブログを介して日々人々の声に耳を傾けながら交流を図っている企業はたくさんある。そういう企業はどこも、ミニブログというニッチなメディアをフルに活用して、ブランドの広報大使となってくれるファンの育成に力を注いでいる。

複数のミニブログを操る

ソーシャルサービスで対話が行われていれば、ライフストリームやブランドストリームが生まれる。ストリームとは、さまざまな情報が流れる経路のことである。

マーケターやPR担当としては、自分に関係する対話が行われているサービスにはすべて登録したくなるものだ。そんなときに便利なのがアグリゲーター（アグリゲーションサービス）だ。

アグリゲーターとは、特定の活動に関係するコンテンツを一箇所に集めるサービスだ。異なるSNSやミニブログで生まれたコンテンツを、RSSフィードで受けとる、更新情報を収集するなどして自動的にライフストリームをつくるのだ。ライフストリームをフォローすれば、その人の活動が一目でわかるうえ、サービスによっては、そこから直接コメントを書き込むこともできる。共有できるコンテンツの量を制限して簡潔に表示されるようになっているので、ミニブログチャネルと同じだと思えばよい。

また、アグリゲーターのひとつ、フレンドフィードでは、自分の投稿コンテンツを集約するだけでなく、特定の相手の投稿を読むこともできる。タイムラインには利用するサービスに関係なく自分の投稿がすべて表示されるうえ、フォローしている相手のコンテンツもすべて表示される。しかも、タイムライン上に直接コメントができるので、異なる場所で行われている対話が実際に一箇所に集まることになる。

ミニブログでの対話はミニブログサービスごとに行われるので、基本的に発言元とは違うサービスからは返信できないが、アグリゲーターを活用すれば、対話を一元管理でき、場の制限なく簡単に参加できるようになる。

ミニブログは、顧客をファンに育てることにも活用できる。ブランドに関する情報やコメントを一箇所に集めれば、「ブランドストリーム」ができる。そうすれば、企業ブログやツイッターなどの企業アカウントを購読する以外に、アグリゲーターですべての流れを追うことも可能だ。つまり、顧客の選択肢が増える。

ミニブログやアグリゲーターは今後も進化を続け、さらに便利に情報のやりとりができるようになっていくだろう。これらを活かして情報収集とイメージ管理を行うと同時に有益な情報を発信していけば、よい評判を広めてくれる貴重なファンが生まれるはずだ。

一人ひとりの声は小さくても、集まれば大きな声になる。ミニブログで生まれた声でも、市場に影響を及ぼす声になれるのだ。

14 マーケティング戦略も見直しを

いつのころからか、コミュニケーションは、トップダウン方式でメッセージを押し付けて情報を操作するためのマーケティングツールとなり、マーケティングコミュニケーション（マーコム）と呼ばれるようになった。マーコムは、広告、PR、ウェブ、イベントなど、新旧問わずさまざまなマーケティング活動で活用されている（活動の内容は組織によって異なる）。しかし、ウェブのソーシャル化という新たな時代を迎え、コミュニケーションは、一方的に投げかけるものではなく、共に作り出すものという本来の姿に戻りつつある。

ソーシャル化に活路を見出す

ソーシャルメディアが世間に広く浸透するに伴い、企業のメッセージに耳を貸す人は減少し、情報の入手経路は多様化した。人々の関心を集めるには、従来のマーコムに加えて、人々の話に耳を傾けてつながりを築く必要がある。それが当たり前になる日は近いと、企業も気づいている。ウェブの定着性、訪問者数、クリック数ばかりに注目していた日々は終わりを告げ、浸透性、対話、エンゲージメント（訪問に費やした時間）、関係性、紹介された数、行動に注目する時代になるのだ。

今、マーケティングは歴史に残る重大な転換期を迎えている。それを象徴するのが「ソーシャルメディアマーケティング」や「カンバセーショナルマーケティング」だと言う人もいれば、「メディアとマーケティング全般でソーシャル化が始まった」と言う人もいる。いずれにせよ、マーケティングにおけるコミュニケーションが、本来のコミュニケーションの姿に戻ったということだ。一方的な発信から対話へと変わることで、人々と商品を隔てていた壁や障害がなくなる。選択肢が豊富にあり、クリック一つでライバル社に顧客が奪われる今、コミュニケーションに障害があってはならないのだ。

ただ、ソーシャルメディアマーケティング、カンバセーショナルマーケティングといった表現には問題がある。というのも、「マーケティング」という言葉には、誠実さや双方向のやりとりというイメージがない。どちらも従来のマーケティングを補完するものだが、その意図や方法、評価基準は異なる。

ソーシャルメディアマーケティングは、ソーシャルツールを使って一般の人々が主体のコミュニティに参加することである。カンバセーショナルマーケティングは、市場は対話であるという考え方に基づいた活動である。マーケティングの世界における「市場」は、「製品に関心を持つ可能性があり、それを購入できる資金があり、それを取得することが法的に許された消費者や組織」を指す（ＩＣＭＢＡのホームページより。http://www.netmba.com/marketing/market/definition/）。

市場が対話であるという意見は、ソーシャルメディア論の名著『これまでのビジネスのやり方は終わりだ』で初めて提唱された。

このような市場の本質は、会話であり対話である。そこでは自然でオープンな会話が交わされる。誠実で、率直で、滑稽で、ときにはショッキングな言葉を交えながら、人は、紛れもない自分の肉声を通じて説明し苦情を述べる。

一方、多くの企業は、企業理念や、宣伝用のパンフレットの受け売りのような単調な受け答えしか知らない。いつも同じ調子で、同じウソの繰り返しだ。ネットワーク化された市場が、自分たちと同じように話せない企業を、あるいは話そうとしない企業を尊敬しないのも当然だ。

肉声で話すことを学ぶのにコツがあるわけではないが、口先だけで「お客様の声を大切にします」と言われても、顧客はそうは思わない。企業は、社内の個人に権限を与えて、企業に代わって話をさせることで、初めて肉声で話すことができる。

本来、「市場」とは、製品やサービスを売買するために売り手と買い手が自由に出会う場という意味である。しかし、今日の「市場」には、オンラインコミュニティも含まれる。そこでは、売り手と買い手の間でさまざまな対話が生まれ、売買が成立する。対話が購買行動を生み、購買のきっかけとなるのだ。ネット上の対話に参加しない企業は市場で生き残れない。対話はコンテンツに経済的な影響を与えるだけでなく、ブランドイメージや製品、サービスの売上げにも影響する。

今日では、市場とコミュニケーションをはかるツールもチャネルもアプローチも変わった。コミュニケーションは、広告、マーケティング、SEO、ウィジェットマーケティング、クチコミマーケティング（WOMM）などの側面も合わせ持つようになったのだ。PRの世界でソーシャルメディアマーケティングと言えば、ブロガー・リレーションズとコメント戦略が中心になる。すなわち、ブロガーと連携をとって記事を紹介してもらい、ブログについたリンクやコメントから参考になる意見を共有するなどして、PRする会社の利益につながることをする。

今、コミュニケーションの世界では、従来のマーコムを革命的に変えることが起こっている。つまり、従来のPRやマーケティングとはまた別の、新たなジャンルが生まれたととらえるべきだろう。そういう認識を社内で発言すれば、賛同者が現れ、その考え方が全社に根付いていく。対外活動のあり方を根本から見直し、これまでとは打って変わって自ら社会とのコミュニケーションをはかる道を求めるようにもなる。

ソーシャルメディアにおけるマーケティングについて語るには、今こそハロルド・ラスウェルのコミュニケーション理論を採用するべきではないだろうか。

一九四九年、アメリカの政治学者ハロルド・ラスウェルは、あるコミュニケーションモデルを提唱した。

- 誰が（Who)
- 何を（Says what)
- どうやって（In which channel)
- 誰に向かって言い（To whom)
- どんな結果が生まれるか（To what effect)

もっと具体的に説明しよう。

- 「誰が」は、発言者を表す。
- 「何を」は、伝えるメッセージの内容を表す。
- 「どうやって」は、そのメッセージが受けとれる場所を表す。

●「誰に向かって言い」の「誰に」は、ターゲット市場の人々を表す。
●「どんな結果が生まれるか」は、メッセージを発信した結果生じたものを表す。

コンテンツのソーシャル化と民主化が進み、新しいタイプのインフルエンサーが強い影響力を持つ今の社会を反映させるなら、ラスウェルのモデルは次のようになるのではないか。

●誰が（Who）
●何を（Says what）
●どうやって（In which channel）
●誰に向かって言い（To whom）
●どんな結果が生まれるか（To what effect）
●それから誰が（Then who）
●何を聞き（Hears what）
●誰が何を（Who shares what）
●何の目的で共有し（With what intent）
●どんな結果が生まれるか（To what effect）

各項目をどう定義し、どんな結果が得られるかは、これらの項目を何のために使い、どんなマーケティング手法やメディア戦略をとるかによって変わってくる。ラスウェルのモデルでは、コミュニケーションの始まりと終わりが暗黙のうちに決まっているが、ソーシャルメディアの場合は、個々の意見や専門家の見解を共有したり、自分の意見を発信したりするため、項目を追加した。追加項目の中身は次のとおりである。

- 後半の「誰が」は、コミュニティを表す。
- 「何を聞き」は、ネット上の自分に関係する対話を積極的に探して耳を傾けることを表す。
- 「誰が何を」は、「コミュニティに属する人」が、「入手した情報」を自らの意思で自分の知り合いと共有することを表す。その情報に自分個人の意見を付け足す人、付け足さない人の両方がいる。
- 「何の目的で共有し」は、どう解釈されることを望んでその情報を共有するかを表す。期待する反応によって、引用の仕方が決まる。

ソーシャルメディアによって、マーケティングとPRのあらゆる面が「ソーシャル化」されようとしている。言ってみれば、ＰＲ業界の「産業革命」である。

ソーシャルメディア専門の部署を

革命の真っ只中にいる以上、私たちは対外的コミュニケーションのソーシャル化に特化した部署を立ち上げる必要がある。ソーシャル化に向けて専門家を雇う組織は急速に増えていて、中にはソーシャルメディア担当役員といった肩書きを与えて既存のマーケティング部門の責任者の一人に加えている会社もある。また、「ソーシャルメディアの専門家」「ソーシャルメディアの権威」と呼ばれている人は大勢いる。だが、ソーシャルメディアの専門家になるとはどういう意味だろう？

現実世界のマーケティングを担当する部署は、現実世界の業務要求、人間関係、物理的な制約、責任を抱えているが、それらをソーシャル化できる人など、本当にいるのだろうか？　事業やサービスを展開した経験があり、コミュニケーション、開発、サポートのソーシャル化が消費者にどう影響するかを理解している人、そういう人にならソーシャル化を任せられるが、ソーシャルメディアに関するうんちくがあるだけだったり、最新のソーシャルサービスを使ったことがあるだけの人には任せられない。

「ソーシャルメディアの専門家」は、ただ単に人々の話に耳を傾け、SNSに参加すればいいのではない。人気のあるSNSすべてに登録して人々と親しくなる以上の能力が求められる。対話の中身を判別し、参加するに値する対話を選び、対話で得た有意義な情報や意見を組織（マーケティング、カスタマーサービス、製品開発部門など）にフィードバックして、よい方向へ変えていける能力が求められる。チャンスや危機を敏感に察知して、反発的な意見に対して受け身に回る事態が起きないよう先回りする知恵も必要だ。

アドウィーク誌の編集者ブライアン・モリッシーは、二〇〇八年七月一四日号の記事で、「顧客との対話の重要性が増している今、企業はソーシャルメディアのエヴァンジェリストを求めている」と主張した。では、組織のどの部署にその人物を擁するべきか？　おそらく、どこか一つの部署に収まるのではなく、複数の部署を統合するかたちになるだろう。

実際、新しいタイプのリーダーを受け入れている企業は何社もあるが、そのやり方は企業やその任に就いた人物の得意分野によって異なっているようだ。

- フォレスター・リサーチの元アナリスト、ピーター・キムはベンチャー企業に転職し、大手企業のソーシャルメディア対策をサポートする職に就いた。転職先の会社は、マーケティング会社レーザーフィッシュの創設者ジェフ・ダチスがオースティン・ベンチャーズから五〇〇〇万ドルの資金提供を受けて創設したものである。
- ソーシャルソフトウェアおよびソーシャルマーケティングの戦略開発を得意とするデボラ・シュルツは、P&Gから要請を受けてソーシャルメディア研究室を設置し、消費者の声を代弁する企業となるための新しいビジネスモデルやマーケティングモデルを模索している。

●ベテランマーケターのスコット・モンティは、フォードのソーシャルメディア責任者に就いた。
●PRのベテラン、シェル・ホルツは、大手消費財メーカーのソーシャル化をサポートしている。
●コミュニティ対策の経験が豊富なコニー・ベンソンは、中小企業専門のウェブ関連サービス会社ネットワーク・ソリューションズでコミュニティマネジャーを務めている。
●ウェブ、ソーシャルメディアの先駆者的使い手クリス・ハウアーは、インテルに効率的なソーシャルメディアの使い方を指導するとともに、新たなチャンスを模索している。同社はほかにも、ソーシャルメディアに詳しいアドバイザー数名にアドバイスを求めている。
●ウェブ2・0に造詣の深いブロガー、マーシャル・カークパトリックは、ソーシャルメディア担当者を置くことの企業側のメリットについて積極的に記事にしている。ここでいう担当者とは、自社が関わっているソーシャルメディアで起こっている会話に耳を傾け、適宜返信し、必要に応じて変更をアレンジする役割を担う人のことである（対外的な対応、社内の対応の両方を含む）。

ほかにもさまざまな企業（大手飲料メーカー、食品メーカー、自動車メーカー、航空会社、電力会社、娯楽産業）が、ソーシャルメディア対策に詳しい人を獲得しようと動きはじめている。

ソーシャル化で変わるべきは、人々とのコミュニケーションのはかり方だけではない。外部から収集した情報や知識や意見を組織に属する者としてどう活かせば、今後のコミュニケーションがより誠実で実りの多いものとなるか、今こそ改めて見直すべきなのだ。既存のマーケティング部門も大きく変わらざるを得ないだろう。

ソーシャルメディアは、マーケティングや対外活動だけに関わるものではない。社内のあらゆる部署が取り入れて、その恩恵にあずかることができる。たとえば、実際に利用している人々の率直な生の意見をもとに、製品やサービスの改善をはかることができる。こちらの意図が正しく伝わっていなければ、修正することもできる。社内のカスタマーサービスを、コスト重視から顧客重視へと変えることができる。そうしているうちに、人々の中に商品やブランドへの親近感が生まれ、一顧客だった人が熱心なファンに変わり、人々の間で話題にされるようになり、人々にとっての貴重な情報源としての地位が確立される。

ソーシャル化の目的は、企業や商品の代弁者が、その場にいる人々とつながって交流することだが、考えてみれば、それは人間関係を築く基本に立ち返ることだとも言える。ただし、関係を築くときに用いるツールは昔とは違う。それに、関係を築きたい相手から自分の一挙手一投足が注目されているという点でも異なる。

企業や商品のソーシャル化とは、次のもののソーシャル化を意味する。

- ●コミュニケーション
- ●広告
- ●PR
- ●カスタマーサービス
- ●製品開発
- ●対話
- ●販売

どういう業務に就いていようと、自分が中心となってその部署のソーシャル化を進めていくことが、自社や自社ブランド、あらゆる利害関係者のためになる。すでに定着している日常業務にソーシャル化がどう影響し、どう溶けこませられるかが具体的に理解できるのは、あなたしかいない。

パートⅣ

「強力なPR」を実現する

15 カスタマーサービスを進化させる

ウェブのソーシャル化によって、企業も普通の人々も別け隔てなく、意見や経験を共有できるようになった。また、認識や決断に影響を与え合ったり、長期的な関係を築けるようにもなった。ところで、ブロゴスフィアで日々会話が交わされているとなると、ある疑問が頭に浮かぶ。いったい、ブロゴスフィアで起こっている会話は誰のものなのか？　会話の所有や責任を、一個人や一部署でなく複数で担うことは可能なのか？

一部の有識者たちはもう、利害関係者との会話を誰の責任で行うべきかという議論を始めている。企業やブランドのイメージに深く関わるＰＲ、マーコム、広告を扱う部署が責任を担うべきとする意見もあれば、従来のカスタマーサービスを発展させたチームを作って任せればよいとする意見もある。

瞬時に意見が投稿されるソーシャルメディアの場合、従来のカスタマーサービスではおそらく十分な対応はできない。たとえば、アップルが当初六〇〇ドルで売りだしたｉＰｈｏｎｅを二カ月後に大幅に値下げしたとき、誰もがこぞって同社への怒りをブログにぶちまけた。そしてその怒りの声は、ブログやリンク、ツイート、ポッドキャストなどのソーシャルメディアを通じて瞬く間に広がった。

このことから、先の疑問の答えがわかる。ソーシャルメディアの監視ややりとりは、企業のすべての部署が責任をもって行うものなのだ。組織によって違いはあるとはいえ、各部署が責任を持って対処しなければならない。

企業の幹部やマーケティング責任者はソーシャルメディアに注目しつつあるが、マーケティングのソーシャル化を促す有効な戦略の大半は、まだ広く知られていない。それに、既存の部署をゼロからソーシャル化するのは、気が遠くなるような作業である。だが社内には、積極的にソーシャルメディアを活用している人がいるはずだ。そういう人たちを集めてチームを立ち上げ、各部門（社内全体の統括も含む）のソーシャル化を進めていくべきだ。

もちろん、実行するとなるとなかなか難しいだろう。組織の規模が大きいほど、社内の構造を変えるのは困難だ。官僚主義的な縦割り構造のせいで、経営層の承認がいくつも必要となり、それが原因で変えられないケースがとても多い。だがそれでも、マーケティング部門のソーシャル化は、「行ったほうがいい」ではなく「行わねばならない」のだ。

各社の試み

顧客をはじめとした利害関係者との関係を深め、宣伝に協力してもらうというアイデアは、別段新しいものではない。これまでも、ウェブサイトのインタラクティブな特徴を活かしてクチコミを広げていた。しかしそれだけでは、もはや市場で優位に立つことはできない。それ以上のことをする必要があるのだ。

顧客の話に耳を傾け、彼らとのつながりを保つためには、PR、マーコム、広告、カスタマーサービスといった部門が一体となって、社内外を問わず活動することがカギとなる。いずれこのようなアプローチが業界の主流となり、ブランド知名度の向上やファンの獲得に一役買うようになるだろう。そして、業界のルールを根本から変えるこうした活動によって、PRという仕事が成長すれば、組織における重要なポジションに返り咲けるに違いない。

ソーシャルメディアはただ眺めているものではない。そこでは、あなたがいようといまいと、さまざまな対話が繰り広げられる。つまり、参加しなければ、対話からも顧客のアンテナからもはずれてしまうことになる。今すぐにも、ソーシャルメディアへどう参加するのがベストか、どんな目的を持って対話に参加するのがベストかを模索し、計画を立てはじめねばならない。

マーケティングに長けている企業幹部は、すでにPR、広告、マーコムを連携させて、自社に関係するネット上の対話に参加する戦略を模索しはじめている。自ら出向いていくマーケティングにシフトしようとしているのだ。

デルでブランドイメージの改善を担当しているリチャード・ビンハマー（ソーシャルメディアでは@RichardatDell）は、「最低のサービスを提供する会社」という同社に対するイメージを払拭し、それとは正反対のイメージを定着させるべく、消費者の声に耳を傾けて彼らと積極的につながるために動きだした。彼の指揮のもと、デルは、ブログ、SNS、ツイッターでの対話を積極的に観察するようになった。問題を特定して解決し、誠実かつ透明性のあるやりとりを続けていれば、企業と顧客との間に仲間意識のようなものが生まれる――こういう関係を築くことが、正真正銘の投資だ。

ケーブルテレビ会社のコムキャストも、デルと同様、顧客満足度が高いとは決して言えない会社だった。だが、顧客がソーシャルメディアを使って声高に苦情を訴えていることを知って、コミュニティ管理チームを結成し、徐々にではあるがサービスのあり方の改善に真摯に取り組みはじめた。フランク・エリアソンが同社のツイッターでの公式アカウント「@ComcastCares」の責任者に就任すると、彼のカスタマーサービス活動がニューヨーク・タイムズ紙で大きく取り上げられた。

エリアソンも、ブログやディスカッション・フォーラムなど、さまざまな場所に出向いて対話に耳を傾ける。トラブルの訴えや利用者の体験談を聞き、早急な対応が必要なものには即座に返答する。こうして一対一の関係を築きながら、「コムキャストは顧客の声を気にかけている」とアピールしているのだ。すでに千を優に超える顧客と関係を築いた。その活動の意義は、「ニューヨーク・タイムズ」に掲載された彼の言葉に集約されている。「双方向の会話をしていれば、互いの誤解は一切なくなる」

PRはカスタマーサービスの中心に

今後、ＰＲは「マーケティング」ではなくカスタマーサービスの一環として活動するケースが増えていくだろう。マーケティングという肩書きをはずし、本格的に人々の声に耳を傾けはじめよう。

ネット上のコミュニティに参加すれば、少なくとも、質問、苦情、観察、何気ない会話などを通じてつながる機会を得ることができる。ＰＲとカスタマーサービスを連携させれば、「有益な情報をくれる会社」として人々に認識してもらえるようになる。

同じ部署の自分以外の誰かが、別の部署や社外の誰かがやってくれるだろうと待っていてはいけない。抱えている仕事量が多く、優先順位や重要性の低い業務まで手が回らないかもしれないが、ネット上の対話を観察するという仕事は、たとえプライベートの時間を割くことになってもやり遂げねばならない必須業務である。

見えない苦情を吸い上げる

かつては、顧客が製品やサービスの質に満足しなければ、電話か手紙で連絡がくるだろうと考えるのが当たり前だった。それがインターネットの普及により、企業は問い合わせや苦情を年中無休で受け付けられるようになった。今では、顧客の質問やコメントや苦情の大半が、ネットを通じたものである。インターネットを使いこなす顧客が増えるにつれ、二四時間対応のカスタマーサービスを導入する企業も増えている。しかし、送られてくる苦情を待っているだけでは十分とはいえない。不満を感じた顧客は、自分の不満をウェブに公開し、議論を始めるからだ。

企業の元に顧客の意見が届いたら、かなりの数の既存客や見込み客によって、それと同じ内容をネット上で話題にされていると思ったほうがいい。企業から期待する対応が得られなければ、彼らはネット上のどこかで情報やアドバイスを求める。唐突に発生した対話に、企業の参加が間に合わず、社外の人間やライバル企業の人間が参加するのは最悪だ。そんなことになれば、せっかくの顧客を逃がすことになる。顧客とのつながりを維持できない企業は、破滅へと向かう。「去る者は日々に疎し」、顧客とつながりを失えば死ぬしかないのだ。

コミュニティマネジャーの役割

企業の中には、既存の部署にソーシャルメディア対策を振り分けたり、ソーシャルメディアでの会話の追跡担当、参加担当、問い合わせ担当、コメント担当などの役割を設けたりしているところもあるが、こうした対策は業種を問わず、どんな企業にも必要である。いずれは、世界中の企業（中小企業から大企業まで）で当たり前のことになるだろう。

「ソーシャルメディアを使ったカスタマーサービス」と言うと、ブロガーやSNSを頻繁に利用する人たちへの対応を強化することだと思われがちだが、燃えている炎にだけ放水するような姿勢では、話題にはされてもコミュニケーションは生まれない。情報を求めてソーシャルネットワークを訪れたつもりがつい発言してしまった、という人にも注目すること。たとえ不満を口にしていてもだ。また、会社に届いた意見の数や内容を精査して、顧客窓口以外で自社について発言している人を見つけることも必要だ。

このように、これからのカスタマーサービスはさまざまなマーケティング要素（コミュニケーション、カスタマーサポート、製品管理など）を融合させたものとなるため、その責任者を表す言葉として新たな呼称が生まれている。最も一般的なのは「コミュニティマネジャー」だが、企業によっては、「ブランドアンバサダー」「コミュニティリレーションズマネジャー」「ソーシャルメディアスペシャリスト」などを使用しているところもある。

コミュニティマネジャーの第一人者として有名なコニー・ベンセンは、その役割を次のように定義している。

「コミュニティマネジャーは、社外に向けた会社の声と顧客の心の声の代弁者である。会社の顔として振る舞い、顧客と個々につながりを持ち（会社の人間的な側面を見せる）、社内のさまざまな部門（開発、PR、マーケティング、カスタマーサービス、技術サポートなど）にフィードバックバックすることが、私たちの仕事である」

また、アナリストのジェレマイア・オーヤングは、コミュニティマネジャーとして成功するために必要な四要素をブログにまとめている。

コミュニティマネジャーに必要な四要素

コミュニティマネジャーに必要な要素や資質はいろいろあるが、以下に絶対に必要な要素（信念と言ってもいい）を四つあげる。これらは、ほぼどんな肩書きの職業にとっても必須条件だと言える。

①コミュニティの一員として対等な関係を築こうとする姿勢　コミュニティマネジャーの一番の仕事は、顧客の声を代弁することにある。そのためには彼らの声に耳を傾けねばならない。オンラインの対話の観察は必須だが、企業のサイトにやってくる人だけでなく、その他のサイトの声も積極的に拾う。そして、彼らの要望やニーズに応えたり世間話などを通じて（勤務時間外も含む）、対等な関係を育む。

②自社製品のよさや最新情報を伝えようとする姿勢　従来のマーケティング手法と対話とを駆使して、イベントを開催したり、製品プロモーションを行ったり、最新情報を提供

したりする。コミュニティの一員として信頼を勝ち取っていれば（①を成功させていれば）、確かな情報やよい製品を紹介してくれる相手だと信用してもらえる。

③コミュニケーションスキル（記事を書く能力）を磨く　これは記事を書く能力と調停役としての能力の両方を指す。どちらも身につけると大きな強みになる。まずは、コミュニケーションツールを使いこなせるようになること。フォーラム、ブログ、ポッドキャスト、ツイッターなどの操作方法を理解したら、各サービス特有の言い回しや用語を理解する。コミュニティ内での議論の調停役も、コミュニティマネジャーの仕事である。支援者ばかりを引き立てるのではなく、悪く言う人の意見も採用する。場合によっては、やりとりそのものを削除しなければならないときもあるかもしれない。コミュニティに書き込むという重責も担っているので、社内の関連部署の人間と一緒に書き込む内容を確認し、掲載のタイミングやフォローアップについても相談しながら行う。

④コミュニティで得た情報を、今後の製品やサービスに活かそうとする姿勢　コミュニティマネジャーの仕事の中でも、おそらく最も計画性が必要となるのがこれだろう。コミュニティであがった要望を責任をもって取りまとめ、製品開発チームに提示する。それには、下調べやフォーカスグループ調査など通常の製品開発に至る手順に加え、開発チームに顧客とのやりとりへ参加してもらうことになるかもしれない。リアルタイムにあがってくる利用者の声を参考に製品やサービスの改善を図るという動きが広まりつつあるので、フ

イードバックを提供する機会をうかがっている顧客は多い。

ソーシャルという名の広大なキャンパスを管理するのだから、観察、やりとり、関係部署へのフィードバックに専念する担当者が一人ではまかないきれない。ソーシャルメディアの数は急速に増えている。ブログ記事、コメント、フォーラム、コミュニティサービス、SNS、ミニブログなどすべての対話を毎日観察しつつ参加するには、数名は必要だろう。

とはいえ、コミュニティ管理スキルのある人材は少ないため、正式なチームの発足には時間がかかると思ったほうがいい。一時的な措置として、外部の人間と業務単位で契約を結んでいる企業も存在するが、どのような形であれ、コミュニティマネジャーの元にソーシャルメディアに長けた人材が集まれば、対話の観察や参加以上のこと、たとえば動画を撮影して動画共有サイトにアップする、コメント欄を有効に活用する、イベントを企画する、ブロガーと密接な関係を築くといった業務をこなせるようになるはずだ。対話の観察に関しては、人数が確保できるまでは海外の企業に依頼するという手もある（人件費を低く抑えられるというメリットもある）。

「コミュニティマネジャー」（呼称は企業によって異なる）は、受け身だった従来の対応とソーシャルネットワークに自ら出向いていくカスタマーサービスとの橋渡し的な役割を担う。人々の話に耳を傾け、得た情報を社内にフィードバックし、社内構造やビジネスの方法論を改善に導いていく大切な仕事である。最も強調すべきは、人々と良好な関係を築くために行動するという点だろう。良好な関係、それは今日の企業にとってかけがえのない資産である。

「サービス」から「リレーション」へ

これからはどの企業にも、ソーシャルメディアに自ら赴いて顧客との関係を築くこと、すなわち「カスタマー・リレーションズ」が求められる。とはいえ、やみくもにソーシャルネットワークに飛び込んだところで、問題を解決することも、人々の情報源になることもできない。PRやマーケティング部門と連携し、社内でしっかりと戦略を立てたうえで、顧客と有意義なやりとりができる人材を正式に業務に割り当てよう。これが顧客と良好な関係を築くための第一歩だ。

相手の役に立とうと考えてこちらから話題を投げかけていれば、貴重な意見を返してもらえる。良好な関係とは、そうやって生まれていくのだ。

16 熱烈なファンを増やすために

この章では、人とのつながりについて見ていきたい。これからは、利害関係者、顧客、ソーシャルネットワーク上の友人と対等な立場でやりとりをすることが求められる。パブリック・リレーションズを「人々《パブリック》」に向けたものに戻すには、人を中心としたコミュニケーションとカスタマーサービスの仕組みを確立する必要がある。それは、ただ顧客を満足させるだけでなく、熱心なファンを育てるということだ。

ソーシャルツールをはじめとするソーシャルテクノロジーの勢力が拡大するにつれ、ビジネスのあり方そのものがソーシャル化し、普通の人（ＰＲ関係者も含む）の中からインフルエンサーとなる人が次々に現れるようになった。

会社に送られてくる問い合わせにただ答えていればいいという姿勢（企業に長らく根付いている姿勢）では駄目だ。これからは、さまざまなソーシャルサービスやメディアを入念にチェックして、顧客が助言を求めている場面を見つけなければならない。それには、従来のツールとソーシャルツールの両方を活用して顧客を見つけ、彼らの話に耳を傾けて言い分を知り、マーケターではなく一情報提供者という対等な立場でやりとりをするしかない。コミュニケーションを通じて、顧客の判断材料となる情報を提供したり、彼らが知らなかった（または存在しなかった）解決策を個別に提案していくのだ。

組織は「学ぶ」のが下手だ。電話やメールでせっかく意見が届いても、それを教訓としてうまく活かせない。顧客の意見の送り先は今やネット全体であり、そこから現実世界での反応や行動、議論を呼ぶこともある。悪いコメントや苦い経験談も、ビジネスの仕組みや方法論、サービス、製品の改善につながるものとして受けとめよう。人々の意見をうまく活かせるようになれば、より的を射た情報を、より自然に、より親しみやすく対話ベースのコミュニケーションで伝えられるようになる。それができれば、マーケティング、ＰＲ、販売、カスタマーサービス、広告がすべてよい方向に変わる。

ただし、場合によっては対処が不要なこともある。ただ話を聞いてほしいだけ、という顧客もたくさんいるからだ。コミュニケーションのとり方はケースバイケースである。もちろん、そういった顧客の話を参考に製品やサービスが改善されれば、喜ばれることが多いのもまた事実だが。

その一方で、すぐに対処せねばならないケースもある。先に紹介したｉＰｈｏｎｅの値下げ事件をはじめ、コムキャストのサービスの悪さを集めたサイト「コムキャストサックス」や、デルのカスタマーサービスの悪さを批判するサイト「デルヘル」は、直ちに対処が必要な例である。

徹底的に調査・分析する

正しい方向へ進むには、進もうと動き出すことが第一歩となるが、その一歩は自分の考え方を改めることから始まる。

一つとして同じ組織はないので、型にはまったアプローチを当てはめてもうまくはいかないが、どの組織にも共通して必要となる要素はいくつかある。たとえば、変化を支持する人が先頭に立って行動に出ること、消費者やインフルエンサーとつながるための新たな手段（と考え方）を導入することは、どんな組織にも絶対に必要だ。

「変化を支持する人」は、マーケティングコミュニケーション、カスタマーサービス、PR、広告、インタラクティブマーケティングなど、社外の人との対話が仕事である部署や、対話やフィードバックを必要とする部署の幹部の中にもいるかもしれない。「自分の役割や部署のソーシャル化」をどのように進めていけば賛同者が増えるか（そして、自分一人が行動を起こすだけでどれだけの変化が生じるか）を、じっくりと考えてみてほしい。場合によっては、自分が利用しているソーシャルネットワークに議題を提示して、そこで議論をしてもいいだろう。フォーラムやグループを立ち上げて、PRの観点からどういうアプローチをとるのがベストか、広く意見を募ってもいい。

いずれにせよ、調査と分析は不可欠だ。自社と競合他社の立場を比較しよう。対話を観察しよう。回答（または回答できなかったもの）を記録しよう。ＳＮＳやブログサイトごとに、ＰＲする商品や会社に関係する対話がどのくらいの頻度で登場するか集計し、一カ月単位でグラフにしよう。こうしたことを丹念に行っていれば、つながりを築くチャンスがどこにあるかがわかるようになり、将来的な見込みを予測することも可能になる。

調査と分析ができたら、その結果を発表しよう（データも提示すること）。そして、ネット上の対話に参加して、インフルエンサー、顧客、見込み客の情報収集に協力するよう会社にはたらきかけるのだ。また、自社商品のことに詳しい顧客に直接連絡をとり、顧客同士での情報交換を推奨するのもよい。そうすれば、彼らを通じて信憑性の高い「クチコミ」がウェブ上に広まる。自分の知識や経験値が増えるので、将来のキャリアアップの役に立つという嬉しいオマケもある。

こうした活動をしていると、どんな会社のＰＲを担当しても重宝がられるようになる。ＰＲという職種は企業にとって価値ある資産になりうる。このことはなかなか理解してもらえないが、ソーシャルメディアを活用したカスタマーサービスを実践して見せれば、社内の「お偉方」にもＰＲの価値をより深く理解してもらえるようになるだろう。

ここまでを終えたら、いよいよ実践だ。ウェブ上の対話に耳を傾け、トラブルや質問に対処できる適切な人材を配置しよう。社内の人間でも外部のオンラインコミュニケーションに長けた人材でもかまわない。その人に、ネット上での対話の調整役（コミュニティマネジャー）となってもらうのだ。対話の内容に応じて、PR、製品マーケティング、カスタマーサービス、販売、経営管理など、関係する部門の適任者と直接相談しながら対応にあたるのが一般的だが、場合によっては、コミュニティマネジャーの独断で答えねばならないときもある。

コストをかけずに手軽に始めたいなら、グーグル・アラートやツイッターの検索サイトで、社名、製品、担当者名、競合他社などを定期的に検索する方法もある。グーグル・アラートでアカウントを設定すると、指定したキーワードに一致する検索結果がメールで配信される。アラートメールを受けとったり、気になる会話（噂話、不快な思いをした経験、質問、ブランドを潰そうとする敵対的な呼びかけなど）が検索に引っかかれば、「ほぼ」リアルタイムに対応できるという具合だ。

ソーシャルツールを用いるなら

ソーシャルメディアに参加することは、自分が代弁するものの知名度を上げるとともに、悪い評判が雪だるま式に膨れ上がるリスクを軽減することにもつながる。PR、マーケティング、カスタマーサービスの担当者は、ウェブ全体を対象にして、人々の関心を集めそうな自社やクライアントに関する対話を見つけ、その輪に入っていくことも必要だ。

たとえば、フェイスブックでグループやファンページを作成すれば、対話の場ができる。ニング（自分でSNSを作成できるサービス。仲間内で集まって情報交換するのに適している）などのSNS構築支援サービスを利用すれば、自社のブランドやサービスに特化したSNSを見つけることも作成することもできる。ゲットサティスファクション（企業と顧客が交流できる場を提供するサービス。企業、顧客のどちらがフォーラムを作成してもよく、問題や体験の共有、質疑応答などができる）を利用すれば、特定の製品専用のコミュニティを立ち上げて、そこで繰り広げられる対話を観察することができる。自社について話題になっているコミュニティを検索することも可能だ。このように、意見や情報や仲間を求めている人々と対話をする機会はいくらでもある。そして、対話を求めて動いていれば、関心のある人が寄ってくる。

経営者や社員が書くブログも、顧客など利害関係者の情報収集に役に立つ。また、コミュニティ作成ソフトを使って、会社独自のSNSやディスカッション・フォーラムを自前で立ち上げるという選択肢もある。自社サイト内にそういう場を設ければ、訪れた顧客同士でやりとりを行える（そうして会社を支持するコミュニティが生まれ、結束が強まる）。

ミニブログも重要なツールである。ツイッターの検索サイト（search.twitter.com など）に社名や製品名やブランド名を入力すれば、自分の知らないところで、それらに関する会話がなされていることがわかる。

自分の活動の痕跡をあちこちに残しているだけでは、対話は生まれない。メディア、アナリスト、ブロガーはもちろん、もっと広範囲にわたって対話の相手を探そう。それには、自分から顧客の役に立とうとしなければならない。

たとえば、企業アカウントやカスタマーサービスを目的としたアカウントを設定すれば、顧客（フォロワー）に向けて最新情報を提供したり、問い合わせに答えたりできる。IT機器開発会社のシスコシステムズは、ツイッターに「@CiscoIT」「@CiscoNews」「@CiscoRSS」の三つのアカウントを登録して顧客とやりとりしている。ザッポスは「@Zappos_Service」、ジェットブルーは「@JetBlue」、H&Rブロックは「@HRBlock」、デルは「@RichardatDELL」「@LionelatDell」、コムキャストは「@comcastcares」をカスタマーサービス用に設定している。

最近ではキーワードにハッシュタグ「#」をつけたつぶやきもよく見かけるようになった。これは、ツイートに分類できる情報を付け加えようと、ツイッターユーザーの間で生まれたルールで、検索ツールの「twemes.com」や「hashtags.org」に「#nike」や「#comcast」と入力すれば、そのワードのついたつぶやきが一覧表示される。また、ツイートスキャンのような検索サービスを使えば、ハッシュタグなしのキーワード検索ができる（ハッシュタグについてはツイッターサイト内の「ヘルプ」→「基礎知識」→「ツイートやメッセージ」の「ハッシュタグについて」の項を参照）。

もちろん、ヤフー・グループやグーグル・グループのユーザーグループやフォーラム、アマゾンのレビュー、レビューサイトのイーピニオンなども健在だ。これらも含めて、顧客を満足させて熱心なファンを育てていくのに適したコミュニティを見つけねばならない。

どのサービスやツールを使うべきか迷うかもしれないが、ソーシャルネットワークの勢力図や利用状況を調べ、それぞれのサービスで行われている対話に耳を傾けてみるのが一番確実だ。各サービスの特色や利用者同士のやりとりを観察しているうちに、自然とその輪に入っていけるようになるし、どれを選択すべきかも見えてくる。

ただし、そこで何をするつもりなのか、何のためにそれをするのかをきちんと理解しておくことが前提だ。

人々の役に立とうという気持ちを胸に、誠実さと正直さをもって接しよう。同じ質問や問い合わせに何度も答える覚悟も必要である。自分がＰＲするもののことをよく勉強し、自分の話が誰にどういうメリットをもたらすのかを理解してから対話に参加しよう。

満足の声を広げる

自分の言いたいことを誰かが耳にしたり共有したりすることを、一〇〇パーセント思いどおりに操ることは不可能だ。とはいえ、こちらの思いどおりに認識してもらえるよう誘導することはできる。そのためには、流行語を取り入れたり大げさなことを言ったりせず、市場を構成するあらゆる人々（層）に、ＰＲするものの特徴や利便性を明快に伝えること。彼らの痛みを感じとり、それを解消する鎮痛剤を届けるのだ。ＰＲ担当とはいえ、仕事を離れれば一消費者である。個人的によいと思った製品やサービスがあれば誰かに紹介するし、誇大宣伝や売り手寄りの記事を見れば、ほかの消費者と同じような反応をするはずだ。

消費者に情報を届けるときは、市場の区分、層、心理学的属性（サイコグラフィックス）に応じて中身を変える必要がある。人は、自分にとっての「鎮痛剤」だと思えなければ、心を動かされない。不特定多数に声を届けることも大事なので、テレビやラジオも引き続き利用価値はあるが、個別の小さな市場にも関心を向けなければ「グランズウェル（大きなうねり）」は起こらない。

小さな市場に分類される人々は、自分に向けて書かれた記事にしか反応しない。そういう人々とつながるためには、彼らの間に存在するルールや言葉づかいに従って、彼らと同じように振舞うことが絶対条件である。そのルールや用語などは、SNS、フォーラム、ブログなどでそれぞれ異なる。

売り込みを待ち望んでいるSNSの利用者などいない。彼らも私たちもみな、現実世界では消費者である。製品やサービスを買い、気に入ったもの（信頼しているブランド）は誰かに勧める。そしてそれ以上に、気に入らなかったもののことを話す。企業は、不満を覚えた顧客がソーシャルメディアを介して何百万という人々にそのことを伝える可能性をつねに意識する必要がある。

ソーシャルメディアを使ったPRやマーケティングでも、満足している顧客を活用しない手はない。彼らの体験談をどんどんブログで紹介しよう。PR素材に引用したり、動画にまとめてユーチューブに投稿したり、動画サービスで専用チャンネルを作成したり、ポッドキャストで配信したり……。満足している顧客をイベントに招待するのもいいだろう。

とにかく彼らに協力してもらって、ほかの顧客に満足の声を届けよう。突き詰めれば、会社が存続できているのは、満足している顧客と熱心なファンがいるおかげである。そんな彼らには感謝の気持ちも伝えよう。自分から動かなければ、大事な顧客はあっという間に他社に奪われてしまうだろう。

トレンドセッターとつながりを持つ

一流の記者、アナリスト、重要連絡先リスト入りするブロガー、マジック・ミドルと呼ばれるブロガーは確かに大きな影響力を持つが、コミュニティやグループごとにもまた、その中で強い影響力を及ぼす人が必ずいる。それがトレンドセッターだ。だが、彼らはマーケティングのデータベースには載っていないので、PR担当はその存在に気づかずにいる。

トレンドセッターは、ジャーナリストやアナリスト、重要人物リスト入りするブロガー同様、トレンドをいち早く取り入れる顧客や消費者である。彼らのブログ、ツイート、フェイスブックのメッセージなどがきっかけとなって、あとに続く人が出てくる。

これまでは、「トレンドセッター」といえばファッションやアートの世界で「流行に強く影響を与える人」という意味で使われるのが一般的だった。それが今ではほぼすべての市場や業種で使われるようになり、注目が高まっている。誰もがコンテンツを制作・共有し、自分の声をそれまでの範疇を超えて届けられるようになったことで、トレンドセッターが影響を及ぼす範囲が大幅に広がったからだ。もっとも、彼ら自身はその力に気づいていないかもしれないが……。

ソーシャルツールのおかげで、あなたもトレンドセッターを見つけて彼らとつながりを持つことが可能になった。まずは自社商品に関する対話を追跡し、つねに意見が尊重されている人を特定できたら、その人物のソーシャルグラフ（トレンドセッターは友人やフォロワーの数が多い）に注目しよう。

彼らは非常に強い影響力を持つが、関係の構築が難しい相手でもある。スパムや売り込みには決して反応しないし、従来のやり方でコンタクトをとっても相手にしてもらえない。入念に調査をし、互いに同等のメリットが生まれる関係を築けるよう知恵を絞る必要がある。

「共通の関心を持つ人」に向けて発信する

これまでのマーケティングではデモグラフィック属性（性別や階級や年齢）とターゲット市場にフォーカスするのが当たり前とされていたが、ソーシャル化を意識している企業は、サイコグラフィックスも取り入れはじめている。サイコグラフィックスは、関心を持つ対象や振る舞いで消費者を分類する。

デモグラフィックスでは、複数の属性が年齢でひと括りにされることが多い。たとえば何かのキャンペーンなら、「中流階級の女性で一八～二四歳を対象にしよう」という具合だ。対するサイコグラフィックスはＩＡＯ変数とも呼ばれる。ＩＡＯはInterest（興味）、Attitude（動向）、

Opinion（意見）の頭文字をとったもので、個性、価値観、動向、興味、ライフスタイルに関係する要素を観察して分類する。

サイコグラフィックスが功を奏した事例：「ザ・ランプ」

ＢＭＷが先日、半ば匿名のようなかたちで新しい1シリーズモデルのプロモーション動画を公開した。クチコミで動画が広まることを期待したのか、それはデモグラフィックスではなくサイコグラフィックスを意識したつくりだった。

動画（www.rampenfest.com）のタイトルは「ザ・ランプ」（ジャンプ台）。いわゆるモキュメンタリー（うそドキュメンタリー）で、舞台はドイツのバイエルン地方にあるオーベルファッフェルバッヘンという架空の町だ。不況の煽りをうけて苦しい生活を送っていたこの町の人々は、町おこしをしようとある計画を思いつく。ＢＭＷ1シリーズのハイスペックモデルをジャンプ台で飛ばし、大西洋を越えてアメリカに着地させようというのだ。そんななか、たまたまドイツを電車で旅していたアメリカのドキュメンタリー映画会社で働くジェフ・シュルツが、何もない場所に巨大なジャンプ台があるのに目をとめ、その目的や動機の解明を始める……。

これがクチコミで話題になり、何百万人もが視聴した。後に、実はＢＭＷが制作した動画だと判明すると、同社のマーケティングチームが絶賛された。
年齢や性別でターゲットを定めないゲリラマーケティング的なプロモーションだったが、車、スピード、笑い、オンライン動画に興味のある人、場合によってはモキュメンタリーに興味のある人の関心をひき、クチコミに拍車をかけることができた。また、広く共有されるための準備も完璧に整えていたことは見逃せない。オーベルファッフェルバッヘンのウェブサイトがあり、フェイスブックにはプロフィールが登録され、老舗ＳＮＳのフレンドスターに町議会として登録した。その他携帯端末やＰＣに常駐できるウィジェットなども充実させていた。

もはやデモグラフィックスだけでは、共通の関心を持っている人全員に声を届けられない。実際、八歳と八〇歳が同じ興味を持つことだってある。人は、興味や関心が同じ相手とつながりを持とうとする。そして興味や関心が共通する人とつながれば、そこからさらにソーシャルグラフが広がっていく可能性が高い。

本章のしめくくりとして、カスタマーサービスのソーシャル化を取り入れている企業を二社、紹介しよう。

ケーススタディ① フレッシュブックス

オンラインの請求書発行を手がけるフレッシュブックスは、ソーシャルウェブ時代におけるカスタマーサービスのあり方を十分理解し、カスタマーサービスの強化と人員の教育に膨大な時間を割くとともに、役職や部署に関係なく社員全員が顧客とつながりを持つように心がけている。その結果、販売、マーケティング、製品開発などあらゆる部署が顧客の声を追跡し、顧客のニーズを汲み取ることに力を注ぐようになった。

具体的には、次のようなかたちでソーシャルサービスに参加している。

- 関係するブログ記事にコメントを残す。
- グーグル・アラートへの登録。
- フォーラムの主催。
- 電話応対は必ず人（自動音声サービスは利用しない）。
- ツイッターへの参加。
- 顧客との食事会を設定。
- カンファレンス（顧客のいるところに出向いていって開催）。

ＣＥＯのマイケル・マクダーマントはこう述べる。「我々は創業初日から、顧客の要望を徹底して満たすことを使命として掲げ、マーケティングチームの結成よりも先にカスタマーサービス部門をつくった。今も創業時の使命を果たすべく、ずっと同じルールを守りつづけている」

同社の信条は以下のとおりだ。

本物のサポートを顧客に提供し、役に立つ存在でありつづける　フレッシュブックスでは、ＣＥＯも開発者もマーケティング担当者も、全社員が顧客サポートチームの一員を兼ねている。顧客の対話の観察、顧客の気持ちの理解、解決策の模索、トラブルの解消は自分の仕事だと社員一人ひとりに認識させ、その使命をまっとうするためのガイドラインも制定されている。

現実世界でも良好な関係を築く　ブログ、フォーラム、ツイッター、「フレッシュブックス・サパー・クラブ」という名のメールマガジンを通じて、顧客とのコミュニケーションをはかっている。「フレッシュブックス・サパー・クラブ」とは同社の活動の名称であり、メールマガジンは基本的にその活動を補佐するためのものである。同社の社員が出張するときは必ず、その地域在住の顧客と夕食をともにする。これは、顧客のことをもっと知りたいがために行っているのであって、それ以上の目的はない。

フレッシュブックスはまた、ＰＲに顧客の協力をあおいでいる。会社のブログその他の宣伝の場では、定期的に顧客の声が登場する。社員の扱い方も実に興味深い。「自分がそうされたいと望む態度で他人に接する」という哲学を掲げているのだが、これは、社内の人間が満足していれば、顧客のことも満足させたいと思うようになるという信念から生まれた。

また、顧客を満足させるためなら外にも出かけていく。二〇〇七年二月、フレッシュブックスの社員はRV車をレンタルし、フロリダ州マイアミからテキサス州オースティンに向けて出発した。飛行機ではなく、わざわざ車で移動したのは、行く先々の地域に暮らす顧客と一緒に食事をして交流を深めるためである。マイアミで開かれるカンファレンスに出席し、その翌週にオースティンでのカンファレンスにも出席する予定だったのだが、一週間以上かけて車で移動し、立ち寄る町ごとに顧客と会って話をし、バーベキューをふるまった。すべては感謝の気持ちを伝えるためである。この年に実施された同社の顧客調査では、知り合いに勧めたいと思っている顧客の割合が九九パーセントという驚異的な数字に達した。

ケーススタディ②
ACDシステムズ

ACDシステムズは、デジタル写真の管理ソフト「ACDSee」を提供する会社である。同社はソーシャルメディアを使ってどんなカスタマーサービスを提供し、どうやってまったく新しいニッチ市場を切り開いたのか。

まずは耳を傾ける　ＡＣＤシステムズは、世間で必要性が唱えられるずいぶん前にコミュニティマネジャー職を設け、そこにコミュニティ管理の重要性を早くから提唱していたコニー・ベンソンを迎えた。そしてオンラインでの対話を観察し、ＡＣＤＳｅｅが思いもよらない使い方をされていることに気づいた。顧客との対話は、ソフトウェアの使い方をもっと教えてもらうというかたちで始まった。

新たな市場とつながる　新たな市場とつながるために、同社はまず、ＡＣＤＳｅｅのことを周囲に勧めてくれそうなエヴァンジェリストを探した。そのうえで彼らにソーシャルサービスの使用を勧め、グーグル・アラートの使い方やＳＥＯ（サーチエンジン最適化）の講習を行った。もちろん、クチコミのお願いも忘れなかった。それからサイトを立ち上げて、顧客の役に立ちそうなコンテンツを幅広く取り揃えた（複数言語によるチュートリアル［基本的な機能の紹介］、動画、ＦＡＱ［よくある質問］、製品の使い方のコツ、ブログ、週刊メールマガジンの配信）。また、ウェブ上のブログやフォーラム、リアルタイムチャットには同社の社員も参加した。

エヴァンジェリストが個別にサポートできるコミュニティの創設　ＡＣＤＳｅｅのエヴァンジェリストは、インスタントメッセージを使って技術的な質問に答えるようになった。また、誰でも自分で調べて解決できるように、ＦＡＱなどの情報を掲載したウェブページも作成した。そのおかげで、顧客はもちろんＡＣＤＳｅｅを使ったことのない人も、そのページに行けば問題が解決できるとクチコミで広がった。さらに顧客からソフトを使いこなす秘訣を集め、一元管理できるようになった。

コミュニティのニーズを知り、それを満たす 顧客から寄せられたソフトに関する要望（フィードバック）がどれだけ大切なものか、同社はちゃんとわかっていた。コミュニティで生まれた要望はできるだけ製品に反映させた。そしてその要望を出した人たちに試作品を提供した。こうした動きのおかげで、エヴァンジェリストは話題にことかかなかったのである。

成功の輪を広げる ＡＣＤＳｅｅのエヴァンジェリストは次第に数が増えていき、高いレベルのサポートを提供する専門家集団へと成長した。新製品のベータ版が完成すれば、必ず彼らに提供して感想を求めた。このやり方があまりにもうまくいったため、同社は別の市場でも同じやり方で開発を進める計画をしている。

17 ニュース配信の新常識

かつて、ニュースを配信するのは簡単なことだった。プレスリリースを作成し、大手メディアに順次送ればそれでよかったのだから。

現在一般的なのは、月刊誌や業界アナリストには商品の正式発表日の二カ月前、週刊誌には二週間前に連絡し、発表間際にネットの情報ソースに知らせるという形だ。そして、「これらの努力が実を結び、情報解禁日から数日のうちに新聞やネットで報道されますように」と祈る。だが、必ずしも報道されるとは限らない。また、人々のマスメディアに対する関心も薄れてきている。そして、最近ではニュース配信の新しいルールが生まれつつある。

ブロガーへのニュース配信

ブログは今や情報機関の本流となり、一部のブロガーは有益な情報源として広く知れ渡るようになった。著名ブロガーは大きな影響力を及ぼす存在として認知され、大手メディアに記事を提供しているジャーナリストからライバル視されるほどである。そうしたブロガーの大半は、PR関係者の最重要連絡先リストに名を連ねる。

彼らが大きな影響力を及ぼす勢力になったことから、ニュース配信に新たなルールが生まれた。「いかに適切にニュースを配信するか」。これは、PR担当にとって永遠の課題である。配信の妙によって大きなインパクトを与えることができれば、ブログやマスメディアで大きく扱われて話題になるからだ。

アメリカで最も影響力の強いブロガーの一人であるロバート・スコーブルの元には、実にさまざまな業界のPR担当から連絡がくる。賞賛したくなる売り込み、ひどい売り込みを相当数見てきた彼は、PR担当に望むことや、やってほしくないこと、理想とするアプローチの仕方をブログで言明している。膨大な数の売り込みが寄せられる立場にあって、どれが効果的でどれが効果的でないかを進んで分析したことで、彼はPR業界の内部事情をはじめ、模範にすべき売り込み文とはどういうものか、どういう公開の仕方をすればニュースに注目を集められるかといったことに精通するようになった。

彼に限らず、さまざまな業界に強い影響力を与えるブロガーの多くが、PRのこととなると、積極的にコメントしたり意見を交換しあっている。だが残念ながら、売り込み文やアプローチの仕方に関する記事は否定的なものが大半である。インフルエンサーのPRに関する意見は、先の章でもいくつか紹介したように、総じて憤りに近い。

スコーブルのように影響力の強いブロガーが、「PR会社やそれに近いサービスを提供する人間がいなくても企業は生き残れる」といったことをネット上で発言するというのは、実に恐ろしいことだ。彼は実際、「本当に魅力的な製品であれば、絶対に噂になる。だから、人々の求めるものを作っているのであれば、PR会社と一緒になって大騒ぎする必要はない」とまで綴っている。こうした主張がブロゴスフィア全体に飛び火しては、正直たまったものではない。PRとは、企業と消費者双方のニーズ、期待、傾向、考え方や感じ方の違いを把握する仕事である。消費者との関係構築を願う企業の一助となれる存在であるはずだ。

ソーシャルメディアを活かしたPRの先駆者として尊敬を集め、ブログ「マイクロ・パスエージョン」でも知られるスティーブ・ルーベルも、ブロガーにはPR関係者のサポートは必要ないと考える一人だ。彼はブログで、ブロガーには優れた製品を自力で見つける以上の力があるとほのめかし、次のように綴っている。

我々の助けは不要だと思っているブロガーが（おそらくはジャーナリストも）増えているように思えてならない。ブロガー（とくにIT関連のブロガー）には、自力で製品を見つけて試したがる人が多い。……私もブログをやっているからわかるが、何かを知らせる記事を書きたくなるのは、たいていは自力で何かを見つけたときだ。

IT業界に詳しく鋭い意見を提供するブロガー、マーシャル・カークパトリックも、「優れた技術にPRは必要か？」と頻繁に問いかけている。彼は敢えて「技術」と言っているが、企業や製品のことも指している。マーシャルはPRの長所と短所を詳細に論じたうえで、「優れた製品にもPRは必要。ただし、いいPRでないといけない」という結論に達している。

PRに対するこうした否定的な意見を打破するには、ニュース配信の仕組みや配信する内容を改善することが急務である。

成功のための一三のステップ

ブロガーが及ぼす影響力は飛躍的に高まりつづけ、今や一カ月で何百万ものページビューを獲得するブロガーが大勢いる。たとえば、ハフィントン・ポストのユニークアクセス数（重複するものを除いたウェブページのアクセス数）は毎月二〇〇万近くある。ゴシップ記事で有名なペレス・ヒルトンも、毎月一三〇万人に読まれている。

ちなみに、アメリカで最大発行部数を誇る新聞は「USAトゥデイ」で、購読者数は二二〇万人超。次いで「ウォール・ストリート・ジャーナル」が二一〇万人で、「ニューヨーク・タイムズ」は一一〇万人である。

今や多くのPR関係者が、ブロガーとの関係構築に血眼になっている。ウェブコミュニティでの情報収集や情報の共有が日常化している消費者が増えているのは確かだが、正しい絞り込みのもと、マスメディアとソーシャルメディアをバランスよく組み合わせたニュース配信の仕組みを確立することが大切だ。そうすれば、ＰＲそのものがインフルエンサーから注目されるようになる。ソーシャルメディアの出現によって、ターゲットとする相手やその相手への情報の伝え方は変わったが、ＰＲの基本原理は変わっていない。ソーシャル化を意識してＰＲを行えば、あらゆる層の人々とつながろうとするようになるはずだ。

スコーブルは、テクノロジーに詳しいＰＲ担当の手法をブログで紹介した。彼は、長い期間をかけて商品のことをふれ回るのではなく、知らせるブロガーの数を絞り、公式発表の数日前に一斉に彼らに向けたリリースを配信するほうが効率的だと言う。

最近、ＩＴ関連の優秀なＰＲ担当がとても上手にブロガーを使うようになってきた。（中略）新しい情報は真っ先にテッククランチのマイク・アーリントンに知らせる（マイクは関係者以外の誰かから最新情報を知るのが嫌いなので、外部に初めて情報を出すときは、必ず彼にも知らせねばならない）。それから、私やギガＯＭのオム・マリック、ＣＮＥＴのダン・ファーバー、リードライトウェブなどの「二番手」ブロガーたちに知らせ、マイクよりも先に公表しないようにと釘をさす。

ブロガーに情報を配信するまでの手順を簡単にまとめると、次のようになる。

①ターゲットを特定する。

②特定したターゲットに影響を与えうる人を、マスメディア、ソーシャルメディアの両方から見つける。

③情報の一斉解禁に協力してくれる度合いや情報との関連性の深さから、②で見つけた人たちをランク付けする（たとえば、A、B、Cのリストに分ける）。ここでは量より質を重視すべきなので、Aリスト入りする人だけに焦点をあてる。このとき、マスメディアも対象に含めるのを忘れないこと。

④リリース記事の草稿をまとめ、付随する資料や動画なども手配（作成）する。

⑤情報解禁の日時を設定する。

⑥情報を送る予定の相手に事前に連絡をとり、未発表の情報があることを知らせる。情報公開の協力を依頼し、彼らの関心の度合いを推し量る。相手の同意を得ないうちは、解禁前の情報や資料を絶対に送らないこと。

⑦合意を得た相手に記事を送るときは、付随する資料もすべて送る。

⑧特定の日時に情報がリリースされるよう調整する。

⑨SEO（サーチエンジン最適化）を意識した、配信サービス会社向けの記事を作成する。

⑩③で選別した以外の人にも、相手に好まれる形式や媒体を使って情報を送る。
⑪ウェブ上のやりとりに目を光らせて観察し、自らもその場にふさわしいかたちで参加して質問などに答える。
⑫大手メディアの記者の目にも情報が触れることを意識し、グーグルからの信用度を表す「グーグルジュース」を最大限に活かす。グーグルからの信用度が高まれば、自然とオンラインで取り上げられる数も増える。
⑬自分が関係する業界や製品、ライバル社のブログ記事を探し、その人たちとも情報を提供するなどして密接な関係を築く努力をする。

ブロガーに新しい情報をいち早く提供すれば、彼らもまた情報を広める「配信サービス」となる。ブロガーとのつながりが、世間から高い信用を得る契機となるのだ。それがいずれは、トレンドを追いかける従来のジャーナリストやアナリストの目にとまる。ブロゴスフィアでの対話は、メディアにとっても報道のよき材料となるのだ。

ただし、だからといって従来の配信サービスの価値が下がるというわけではない。配信サービスには、経済情報の共有や開示要求を満たすという重大な意義がある。また、配信サービスに掲載された情報は、検索エンジンの上位に表示される傾向が強いので、人目に触れやすい。

ブロガーに情報を提供する際の心得

ベータテストとは、公式発表前の製品やサービス（ベータ版）を試用してもらう、ＩＴ業界では通例となっているテストである。企業が非公開または公開で「ベータ版」の運用を開始するのは、新しいものをいち早く使いたがっている人から直接感想をもらうためである。

製品やサービス、イベントの最新情報や見本品などの情報は、正式発売の準備が完璧に整う前に注目を集められれば、ニュースを配信したときに一段と話題になりやすい。ベータテストに協力した人々は、その製品やサービスが一般発売されるよりもずっと前に、自らの体験を友人や同僚に話す。既存メディアは、この情報をあまり重視していなかったが、今ではブロガーをライバル視するジャーナリストが増え、ベータ版のリリースに対してもアンテナを張るようになった。実際、大手の雑誌、新聞、放送局の記者の大半が、（通常業務とは別に）会社の指示でブログを開設し、個々にブロガーに対抗している。

ちなみに、新しいタイプのインフルエンサー（ブロガー）とジャーナリストには大きな違いがある。ブロガーは試作品段階や開発段階の情報を求めるのに対し、ジャーナリストは大きな変更があったというニュースや、ある程度人気が出ている製品やサービスについて知りたがる傾向がある。基本的に、マスメディアが関心を向けるのは、ベータ版に関する情報が話題になり、あちこちでよい評判が聞こえるようになってからである。

ブロガーやジャーナリストと、それぞれどのように情報を共有すればいいのかは、相手とどんな関係を築いているかによって異なる。また、業界によってもさまざまで、絶対的に正しいやり方は確立していない。ともかく、ブロガーやソーシャルメディア利用者の場合、ジャーナリズムの教育を受けていない人がほとんどなので、彼らへの接触には細心の注意を払う必要がある。ブロガーとの関係を築いていくと、コミュニケーションの基本は一対一のアプローチにあるのだと改めて教えられることだろう。

非公式にせよ公式にせよ、ブロガーにフィードバックしてもらえる関係を築くとなると、時間と労力が必要になるが、正式発表に先駆けて意見がもらえるのだから、そうするだけの価値は十分にある。先にも述べたが、IT以外の業界でも、今や製品情報を正式に発表する前に「ベータ版」をリリースして反応を見ることは可能である。この一手間を、正式発表に至るまでの手順に必ず加えるようにしたい。そうすれば、会話やフィードバックから重要な気づきを得られる。そのあとで新製品や新サービスの利用を正式に開始すれば、ベータ版に関わった人たちがすぐに反応をしてくれる。

ブロガーやソーシャルメディア利用者と良好な関係が生まれると、彼らが自分の意見を交えて情報を配信してくれるようになる。うまく話題にしてくれれば、マスメディアや顧客もその商品に期待と関心を寄せるようになる。

ブロガーや一流ジャーナリストと関係を築くのは想像以上に難しい。インフルエンサー全員を特別扱いすることはできないからだ。誰かをえこ贔屓すれば、別の誰かの信頼を失ってしまう。

従来のPRやジャーナリズムの教科書に出てくるような言い方をすれば、ブロガーが情報解禁日を守っているのは、「一足先に情報が得られる特権を維持したいから」である。だが経験から言って、こちらが指示した解禁日に先んじて情報を公開してしまうブロガーもたまにはいる。誰か一人が先走って記事にしてしまえば、おそらくその件に関する記事はもう誰も書かない（従来のPRの世界でもそうだった）。それればかりか、先走った一人のせいで、ほかのブロガーたちが激怒することもある（実際にあった）。

ブロガーが情報解禁日の約束を破った場合に備えて、対策を用意しておく必要がある。そうしないと、たった一人のためにすべての努力が台無しになってしまう。たとえば商品名や社名をグーグル・アラートに登録しておくと、オンラインにその語句が現れるたびに通知されるので、誰かが解禁日を破れば瞬時にわかる。また、情報解禁日までは、毎日全員のブログを巡回するのも一つの手だ。そして誰かが禁を破ったときは、付き合いの深さに関係なく、情報を記事にするつもりでいたブロガー全員にただちにメールか電話でその旨を伝え、それでも記事を掲載する意義はあると説得すること。とにかく正直に話すことが第一だ。そうすれば、大半のブロガーやメディアは納得して記事を書いてくれる。約束を破ったのは誰かと尋ねられるだろうが、明らかにするかどうかは状況に応じて判断すればよい。

予定どおりに記事を書いてもらうには、新たな情報を提供したり、直接のインタビューに応じたり、動画などの新しいコンテンツを追加で渡すなどの工夫もしよう。また、まだ声をかけていなかったブロガーや記者にもすぐに連絡をとり、ニュースとして取り上げてくれるようお願いすることも大事な対策の一つだ。とにかく、記事が人目に触れる機会を増やすのだ。

記事の掲載は、人間関係がすべてである。できるだけ多くの人に伝えたい大事な情報があるときは、心から広めようと思ってくれる人たちに協力してもらいたい。そのためには、彼らの記事の効果が高まるための協力を惜しんではいけない。

スクープ記事にもそれなりに効果はあるが、最近は減ってきた。一人にだけ情報を提供しても、それが人目に触れるには限りがある。それよりも、多くのブロガーの協力を得たほうが、より広範囲に（国境も越えて）情報を届けることができる。先にも述べたように、誰か一人が記事にしてしまえば、その記事の情報としての価値は下がる。「後追い」で記事を書き、誰かの真似をする書き手だと思われることをブロガーは嫌う。誰だって、一番に情報を公開するエリート集団の一員でいたいものだ。

覚えておいてほしい。キャンペーンをすれば広まるのではない。広めるのは人だ。ソーシャルメディアを活用して、人々にクチコミで広めてもらえるようにしよう。クチコミが発生するのを待てない経営者や幹部があまりにも多い。人々が自ら広めようとして起こるクチコミには、待つだけの価値があるということをわかってほしい。

自社にふさわしいインフルエンサーを見つけるには時間がかかるが、そういう人物から直接勧められると、消費者の購買意欲は確実に増す。その影響が現れるスピードは、ほかのどんなマーケティングテクニックもかなわない。だからこそ、影響力の強いブロガーからマジック・ミドルまで、ウェブ全体に情報を行き渡らせることが不可欠なのだ。

「一部に公開」で話題を集める

正式発表の前から話題にするには、先に述べたベータ版よりもさらに前段階の「アルファ版」や「プライベートベータ版」を提供する方法もある。これらは製品に対する反応を試験的に見るものなので、「秘密裏」に行われるのが一般的だが、秘密裏と言っても、正式発表前にパスワードで保護されたコミュニティを開設し、特定の顧客やブロガーにその旨を知らせるだけで簡単にできる。話題を生んで世間の関心をひくのには、このやり方が最適だろう。

情報共有サービスのピッチエンジン（www.pitchengine.com）を創設したジェイソン・キンズラーは、サイトのアルファ版をPR関係者に公開した。ソーシャルメディアリリースの作成や配信などを自由に試してもらうべく、パスワード制のサイトにログインしてサイト内の機能を自由に試してほしいと記した招待メールを、ブロガーやPR担当などメディア関係者に送り、利用者が意見を述べたり質問したりできるようにとブログも開設したのだ。結果は大成功。ブログのコメント欄には、サイトの内容を賞賛する声や、PRやメディア関係者のための新たなソリューションを開発したキンズラーに対する感謝の声が多数寄せられた。実際にサイトを使ったインフルエンサーから、その機能性や有用性に関するフィードバックを獲得できるのが、アルファ版を提供する魅力だ。

新しいサービスの提供を始める会社の大半が、招待メールを送ったり、レビューを書くことを条件にしたり、パスワード保護のサイトを開設するなどして、事前に非公開でサービスを体験してもらう機会を設けている。その対象には、ブロガーもメディア関係者もファンもすべて含む。実際にサービスを体験するということは、友人や仲間にそのサービスのことを広めて盛り上がれるということだ。事実、影響力の強いインフルエンサーをアルファ版の利用に招待した結果、「一夜にして」人気を集めたミニブログサービスがいくつもある。中には、アクセスコードを入手しようとする人が続出したことから、イーベイに出品されたアクセスコードまである。

情報管理の注意点

正式発表に先駆けて、情報解禁日が破られるリスクなしで、人々にあらゆるソーシャルメディアで話題にしてもらえたらどんなに素晴らしいだろう。実際、いくつかの企業やPR会社はそういうかたちで情報を広めようと、効率のいいやり方を模索しはじめている。

ソーシャルメディアが登場した今、顧客やインフルエンサーとの情報共有のあり方は変わらざるをえない。ニュースの「作成」は純粋にテクニックの問題だ。才能やセンスに加え、経験を積まなくてはいいものはつくれない。それに、市場や競合他社といった会社を取り巻く状況についても把握する必要がある。しかし、ニュースの「共有」は、人々の話にどれだけ耳を傾け、情報公開のルールを守って記事にしてくれるインフルエンサーたちとどれだけ良好な関係を築けるかにかかっている。

ブロガーの見極めも大切だ。筆者も立て続けに二度、こちらが意図した日時よりも早く情報が公開されてしまうという目に遭ったことがある。フライングしたブロガーは信頼できる人物だったが、スクープ記事にしたほうが話題になって（こちらが）喜ぶに違いないと考えたらしい。だがそのせいで、解禁日を守っていたほかのブロガーたちは、騙されたと感じた。事情を説明して回ったが、関係を修復するのは並大抵のことではなかった。解禁日を破ったブロガーにもその旨を追記してもらい、手違いだったことはわかってもらえた。だからといって、一度失った信頼はそう簡単には元どおりにならない。それ以来、とっておきのニュースは、影響力がどれほど強くても、約束を守った実績のあるインフルエンサーにしか渡さないと決めている。

ブロガーの中には、競争心が高じてとんでもないことをしでかす者もいる。ファイルの更新日時を不正に操作する、よそのブログやサイトの記事を無断で掲載する、氏名や所属を公表しない、事実関係の確認もせずに憶測で物議をかもすようなことを書く……このような行為は残念ながらあとをたたない。本来、情報を配信すれば相互にメリットがあるはずなのだが、ＰＲ担当や企業の側が損をするケースも少なくない。

スクープを狙う者は、マスメディアの中にもいる。業界でトップクラスの媒体と新参の媒体との間には、権威や地位、読者の支持、広告収入といった売上げを左右する要素でどうしても対抗意識が芽生えるものだ。二〇〇八年に、プロバイダ会社のRCNメトロがフィラデルフィアに光ファイバーネットワークを開通したとき、フィラデルフィア・インクワイヤラー紙はそれを解禁日に先んじて報道した。するとフィラデルフィア・ビジネス・ジャーナル紙は、一切そのニュースを報道しなかった。マスメディアでもそういう行動に出る。

抜け駆けをする人は必ず出てくる。その中で成功する秘訣はただ一つ、「決して油断せず、やるべきことをきちんとやる」だ。

ＰＲ担当は、たとえばこんな過ちをおかしがちだ。

- 情報解禁の時間を明確に伝えないせいで、時差によってズレが生じる。
- 情報解禁日時の同意を書面に残すのを忘れてしまう。
- 下調べが十分すんでいないブロガーにも声をかけてしまう。
- 情報解禁の合意を正式にもらう前に情報を送ってしまう。

ここにあげたようなことは、誰の身に起こってもおかしくない。そして、評判、信用、人間関係などで手痛い代償を払わされる。そうした事態を避けるためにも、インフルエンサーとつねに対話を持つことを心がけてほしい。また、同僚と互いの経験を語り合うことも大切だ。ほかの人の経験を知ることが、ミスを犯して人間関係にヒビが入るリスクを抑えることにつながる。ブロガーの尊敬と信頼を得たいと考えているPR担当は、そのほとんどが、「ブロガー・リレーションズ」に関する倫理規定（4章参照）に同意している。これは非常によい傾向だ。

これに加えてWOMMA（クチコミマーケティング協会）も、ブロガーと交流をはかる際のマナーを一〇カ条にまとめている。

①つねに誠実な態度を心がけ、誤った情報を意図的に流すことはしません。別の誰かに頼んでブロガーを騙すことも絶対にしません。
②ブロガーと交流を持ったり、ブログにコメント残す場合は、自分の氏名と勤務先（所属を含む）を明記します。
③ブロガーが定めたルールに反する行動はとりません。メッセージやコメントを投稿するときは、各コミュニティのガイドラインに従います。
④ブロガーにウソをつかせることは絶対にしません。
⑤未成年者と交流を持ったり、未成年者を対象にしたブログに書き込みをするときは、細心の注意を払います。
⑥ブロガーの収入に関係する広告やアフィリエイト・プログラムには関知しません。
⑦コメントの投稿や情報の配信に自動送信システムは使いません。

⑧ブロガーへの謝礼が利益相反に該当する可能性を考慮し、発生した報酬やインセンティブをすべて開示します。
⑨ブロガーの意見を求めて製品を送っても、彼らにその製品を批評する義務を負わせません。ブロガーが返送を望むなら応じます。
⑩ブロガーが受けとった製品に関する記事を書く場合は、製品を入手した経緯も公表するよう事前に依頼します。

信頼できるブロガーや記者数名に協力してもらってニュースを発信できれば、期待するPR効果は十分得られる。だが第一報を彼らに流したら、ほかのインフルエンサーにもその情報を提供すること。そのときは、違った視点で記事が書けるような新たな情報を盛り込みたい。最初に知らされなかったからと記事にしない人もいるだろうが、そういう人たちにも情報を提供しつづけるかどうかは、相手との関係性で個人的に判断してほしい。

18 効果は目に見える形にする

ソーシャルメディアをPRに活用するとき、何が「成功」なのか？　会社の目的や収益にどう影響するのか？　といった疑問が当然浮かぶ。

経営陣の多くは、ソーシャルメディアを活用したPRでは、会社の生命線である売上げやマーケティング活動の成果は測定できないと思い込んでいる。そう思うのは、PRのソーシャル化やコミュニティへの参加がもたらすメリットを正しく理解していない証拠だ。いくら新しいPRを展開しても、活動の効果を経営陣に示せなければ話にならない。

本章ではソーシャルメディアの活用で生まれた効果の測定方法を見ていく。新たなPR戦略を取り入れるべきだと上司を説得するときに、ぜひ役立ててほしい。または、経営陣に本章を直接読んでもらってもいい。いずれにせよ、ソーシャルメディアが普及した今の時代に、どんな測定基準によって、消費者の動向や欲求の高まり、消費者に声を届けることで生まれる効果や影響がわかるのか、理解を深めてほしい。
取り上げられた記事の効果は、次のような方法で測定されるのが一般的である。

- 獲得した記事（パブリシティ）の量。これがPRのROI（投資収益率）の指標とされ、記事量の多さでPRの成否が判断される。
- 文字媒体（ウェブサイトも含む）で特集が組まれた回数や特集ページのヒット数。
- 同じ読者層の出版物に出稿する広告料金をもとに、記事の大きさから記事の価値を算出する（広告換算）。
- 出版物の発行部数やウェブサイトの訪問者数から、記事を読んだ可能性のある人数を算出する。

メディアで取り上げられると、消費者は専門家がその商品を勧めているように感じる。そのため通常の広告よりも価値があると考えられてきた。

だが、ソーシャルメディアを使ったPRの測定方法を提案しているK・D・ペインは、ヒット数ばかり気にするのは愚の骨頂だと述べている。また、『これまでのビジネスのやり方は終わりだ』で、デビッド・ワインバーガーは「あなた方のコマーシャルメッセージに耳を傾ける人は存在しない」と述べている。そのとおりだ。

PRの「成功」とは？

ＰＲ活動の成果を正確に測定するのは、究極の目標と言ってもいい。ウェブのソーシャル化により、ＰＲ担当の職務は複雑になり内容の幅も広がった。同時に新しい測定方法も導入され、ＰＲという仕事を一から見直すことにもなった。

ＰＲの成果を測るには、まず今の時代における「成功」とは何かを定義しなければならない。たとえば、ＰＲ費用が瞬時に相殺されるような劇的な売上げ増を期待するのはお門違いである。大事なのは、勢いを生む、リアルタイムで話題になるといったことであり、何をすれば話題になるかを実証することで活動の「成否」がわかる。人々の声を積極的に拾い、彼らの「温度」をつねに感じていれば、短期的、長期的な取り組み方が見えてくるはずだ。

インタラクティブマーケティングやウェブマーケティングに携わるマーケターは、新しい測定方法で成果を測ろうと試みている。私たちＰＲ関係者も、彼らの経験を参考にしつつ、自身の経験から学んだことを活かして新しい測定方法を導入すべきだ。今や各種のツールでキャンペーンや長期ＰＲ戦略、人脈構築戦略を、リアルタイムで分析、測定、修正できる。ＰＲ２・０では、検索結果のヒット件数よりも実際に訪れてもらった回数を、訪問者の数よりも推薦してもらった数を、価値ある広告よりも価値ある行動を、何を語るかよりも何を売るかを、そして、パブリシティの量よりも市場の動向に与える影響力を重視する。

会話を追跡して効果を測る

ウェブのソーシャル化により、ウェブ上の至るところで会話が繰り広げられるようになった。会話と言っても、動画、ポッドキャスト、ブックマーク、ブログ、コメント、ツイート、画像、レビュー、イベント、ニュース……と、さまざまなかたちをとるが、そこに出てくる言葉から、PRしたい企業や商品が置かれている立場、ランク、イメージなどがわかる。キーワード検索で会話を追跡し、その言葉がいつ、どこで、どんな会話で登場したかを調べ、それを一つの「基準」とすれば、以後の活動をその基準と比較することもできる。

ネット上の会話は、ほぼすべて追跡可能であり、追跡すればPR活動の効果を測定することができる。たとえば、あるキーワードが使用された回数を指標とし、一カ月単位や年単位で比較したり、ライバル社の製品が会話に出てきた数と自社製品が出てきた数を比較したりといった具合である。

ソーシャルメディアは、会話、参加、人々のつながりで成り立っている。だからソーシャルメディアを活用したPR活動のROIや成否は、次の要素を測ればわかる。

- キーワードを含む会話やスレッド
- トラフィック
- 売上げ
- コール・トゥ・アクション（行動喚起）

●エンゲージメント（顧客との結びつき）
●影響力
●イメージ
●ネット上の人間関係
●社内教育と参加
●登録、コミュニティでの活動

キーワードを含む会話やスレッド

キーワードが出てくる頻度や使われる場面を測定するといっても、キーワードを含む会話はさまざまなSNSで同時多発的に起こるので、見落とす可能性もある。よって、最も確実なのは、グーグル・アラートなどの自動通知サービスを過信せず、SNSを一つずつ回って自分の手で検索する方法である。とくに自分に関係するブランドのことがよく話題にされるSNSは、必ず全部実際に見て回ることだ。できるだけ正確にROIを測定したいなら、そこまでする必要がある。

トラフィック

ウェブサイトを分析するソフトを使うと、自社サイトやブログに関係するものを何でも追跡できる。ウェブ担当チームと連携すれば、トラフィックやクリックのパターンを測定できるばかりか、市場により見合ったキャンペーンを計画したり、市場をより正確に把握できる追跡基準を設定したりできる。

ウェブトラフィックとは、特定のネットワーク上を一定時間に流れる情報や情報量を表すものである。ここから、ウェブサイトの訪問者数、訪問者がアクセスしてきた国や地域、サイトでの滞在時間、閲覧したページ、訪問者の活動内容、訪問者が最後に開いたページがわかる。これらのデータから得るものは非常に多い。メディア、ブロガー、インフルエンサーと良好な関係を築くうえで必要な情報がほぼすべて入手できる。

ユニークビジター（ウェブページの訪問者。重複する訪問は数えない）数と彼らの活動内容は、PRの成否を示す指標となる。ユニークビジター数を増やしたいなら、次のことを考慮するとよい。

●影響力の強いブログに取り上げられるようにする。そうすれば、一カ月で五〇〇〇～一万五〇〇〇人のユニークビジターが期待できる。
●ニュースサイトのトップページに取り上げられるようにする。そうすれば、二四～四八時間のうちに一万人以上のユニークビジターに目にしてもらえる。
●ブックマーク共有サービスなどで勧められるようにする。そうすれば、一カ月で二万～三万人の利用者の目に触れることができる。
●イベント共有サイトを使ってイベントを主催する。そうすれば、数百人、いや場合によっては数千人に知ってもらうことができる。

また、「メディアクリッピング」や「メディアモニタリング」と呼ばれるサービスを専門に提供する会社もある。印刷物やオンラインに取り上げられていないか調査して通知してくれるサービスだ。動画や音声なども、ウェブにアップされると同時に通知してくれる。そのようなサービスを利用するとともに、自らグーグルをはじめとする各種サイトで検索し、自分に関係する記事を一つも見落とさないようにすることが大切だ。

ウェブ上の人々の動向を詳しく把握すると、より効果的なＰＲ活動を展開できるようになる。彼らの動向をデータ化して持っていれば、ＰＲ活動の価値を経営陣に実証することもできる。

売上げ

ＰＲ活動が売上げに直結すれば、どんな経営陣もＰＲの有効性を認めてくれる。そこで一例として、プレスリリースのＲＯＩを考えてみよう。配信サービスを使ったプレスリリースのコストは、どういうかたちで収益を上げられるのだろうか？

リリースに目をとめてすぐさま記事を書いてくれる記者は皆無に等しい。夢物語もいいところだ。しかし、ウェブの配信サービスで公開したり自社サイトに掲載したりといったこともすれば、それが検索エンジンの結果表示に反映され、情報を求める記者やブロガーだけでなく、見込み客にもリリース記事を見てもらえる機会が増す。たとえばサウスウエスト航空は、ネットで配信したリリース記事が、メディア関係者やアナリストだけでなく一般利用者の手にも渡っていると気づくと、利用者を意識したリリース記事の配信を始めた。ある記事では割引運賃の導入を発表し、その価格で航空券が買える専用ページへのリンクを貼った。また、検索されやすいキーワードを意図的に盛り込み、購入できるページへのリンクを貼り、ＳＥＯ対策もした。おかげで、同社のリリースは検索結果ページに頻出し、リンクを通じて一〇〇万ドル以上の売上げが生まれた。

コール・トゥ・アクション（行動喚起）

ＰＲのＲＯＩは売上げがすべてではない。人々を何かの行動に駆り立てることも、売上げと同じくらい重要である。戦略に「コール・トゥ・アクション（行動喚起）」の要素を組み込めば、訪問者に行動を起こさせると同時に、行動した人数を測定できる。

たとえばネットマーケターの多くは、サイトを訪れた人が最初に目にするページ（ランディングページ）で何らかの行動を起こしたくなるよう工夫を凝らす。ランディングページは、プロモーションなど外部のリンクをクリックした際に最初に表示されるので、会員登録や購入を促したり、特別セール／キャンペーンの案内や企業ブログの最新記事一覧を表示したり、投票など訪問者がその場で参加できる仕掛けを設けたりするのに適しているとされる。

また、このページは、トラフィックの測定やサイトの利用目的の分析にも非常に役立つとして注目を集めている。このページからしか得られないデータを提供してくれるからだ。マーケターは情報に飢えている。世間の関心をひくキャンペーンにしたい、予算を最大限効率的に配分したい——そう思っている彼らは、広告や検索結果に、サイトのトップページではなくランディングページをリンクする。ランディングページはサイト内のどのページにもリンクされていないので、外部のサイトや検索エンジンから直接やってくるしかない。だから誰かがやってくれば、そのページで何をしたかが追跡できるというわけだ。

エンゲージメント（顧客との結びつき）

エンゲージメントとネット上の人間関係、この二つは、おそらく最も測定が難しい項目であり、その基準は会社によって異なる。エンゲージメントとは、顧客が自社関連のウェブコミュニティを訪問していた時間、あるいは自社の関係者とオンラインで交流していた時間など、人々が自分や自分のサイトに関わってくれることを表す。また、自社に関する情報がクチコミで広がったり、ネット上で話題になったりすることも含まれる。

たとえば、自社ブランドのファンが集う場を提供しようと、SNSを構築したり、自社サイトに会話の場を開設したりすると、ウェブ解析（後に詳述）を通じて、ファン同士や会社の関係者との交流時間が測定できる。

また、グーグル・ブログ検索などでキーワードを検索したり、グーグル・アラートにキーワードを登録したりすれば、自社に関係する会話をほぼ把握できる。得た結果は必ず記録として残し、一日、一月、一年単位で比較するとよい。

ＰＲ活動がソーシャルメディアに及ぶようになってから、エンゲージメントの測定に役立つツールやサイトが次々に現れている。ウィジェットやバーチャル商品を提供したり、ＳＮＳ内にファンサイトを設置する企業は増え、利用者数も増えている。

たとえばコカ・コーラは、ＳＮＳのプロフィールページに組み込めるウィジェットを開発し、無料で提供している。フェイスブックで提供中の「友達にバーチャルでコークを送ることができる」アプリは、五万人以上が利用している（この数字はさらに増えている）。

ネット上の人間関係

現実世界では一般的に、安らぎと刺激を与え合える関係が貴重だとされる。ソーシャルメディアの世界では、いつでも互いに意見を交換できる間柄が良好な関係だと言えるだろう。場合によっては、ネット上の友人やフォロワーの数が、ＰＲ担当の人間関係の指標になる。友人やフォロワーになってくれるということは、その会社やブランドがその人にとって価値ある存在ということだ。だから彼らには、自社ブランドのよさを広めることを目的として交流しているのだと実感してもらわねばならない。それがＰＲの仕事だ。

ブランドの価値を高めることを目的としたコミュニティを形成し、そこで有益な情報を提供していると、ＳＮＳで友人登録してくれる人の数も、ブランドを代弁してくれる人の数も確実に増える。

既存客や見込み客の有益な情報源として協力していると、あなたの信用価値や意見の信憑性が高まり、次第に人々に影響力を及ぼせるようになる。そのような信頼関係や絆は決して安くない。では、影響力はどう定義し、どう追跡すればいいのか？

企業のコミュニケーション活動として、最低でも企業ブログは始めるべきだろう。可能なら、ツイッターなどのミニブログやライフストリーミングサービスも始めるとよい。コメントや回答、意見を書き込むと、反応を求めているという意思表示になる。影響力を評価する指標はいくつかあるが、いずれにせよ、ソーシャルサービスでの活動を充実させれば、影響力は必ず高まる。

ブログ検索サービスは、ブログやミニブログ、ライフストリームを「見つけ」、それを評価する。始めたばかりの時点では影響力ゼロと評価されるが、誰かのブログにコメントを書き込んだり、人々の関心をひくコンテンツを作成して公開していくうちに、その影響力は大きくなる。

また、大半のブログ検索サービスサイトは、コンテンツが獲得したリンクの量でブログやサイトをランクづけするため、リンクがランキングに大きく影響する。リンクされる数が増えれば、ブログ、ウェブページ、プロフィールなどが検索結果の上位に表示されるようになる。それに、グーグルのページランク（サイトやウェブページの重要度を測るグーグル独自の指標）の数値も上がる。

影響力が大きくなると、業界レベルでもキーワード検索で上位にくるという嬉しいおまけもある。

ブロゴスフィアでは、コメントは影響力の指標になる。記事一件につくコメントの数が、ブロゴスフィアでの立場や地位を表すからだ。ただ、この評価の仕方がいつまでも続くとはかぎらない。確かにコメント数も重要だが、現実世界への影響力を物語るのは、何といってもリンクされた数とトラフィックの量である。

この他、競合他社と一定期間比較して影響力を測るという手もある。テクノラティでURLを入力すると、テクノラティ内での影響力が数値で表示されるほか、そのURLをリンクしたサイトも表示される。

影響力に加えてフォロワー数も知りたいなら、ブログやライフストリーム、ニュースフィードなどをRSSフィードに登録している読者の数を追跡すればよい。ツイッター、ユーチューブ、フェイスブック、ブログなど、ソーシャルメディアで作成したものはすべてRSSフィードに登録できる。RSSフィード管理サービスのフィードを利用すれば、新規購読率や総購読者数も把握できる。RSS購読者数なら、グーグル・リーダーでも把握可能だ。

社内教育と参加

教育、参加、協力も、評価や判断の尺度となる。

たとえば、ある大手食品メーカーは、コミュニケーション改革を推進する社内コミュニティを立ち上げて、系列グループの人間と協力し、最新のソーシャルテクノロジーをグループ全体で試していくことを奨励している。彼らの目的は、ソーシャルメディア活用のROIを測ることではない。グループ会社と連携し、そこから改革していくことが目的であり、同時に、改革や協力に対する社内の意識を次のように変えるのが狙いだった。

●協力が社内標準になり、一対一のコミュニケーションをとることが企業文化として定着する。
●ブログやウィキに参加する社員が増える（ただ眺めているだけだった人が、コメントを書くようになる）。
●ソーシャルツールを社内に導入し、全社員に実際に使ってみるよう勧めれば、意外な使い方が見つかる。
●社員を教育してソーシャルメディアへの意識を高めれば、それらを使って顧客と密にやりとりするようになる。

改革の推進チームは、同社の社内ウェブページへの参加状況をチェックしつづけている（参加状況は有益な測定基準の一つ）。ここでいう「参加」には、コンテンツの編集や書き込みなど、ウィキ掲示板に参加した人のみならず、掲示板を訪問しただけの人も含む。そのほか、ブログの閲覧者、コメントや評価をした人、ポッドキャストや動画をダウン／アップロードした人、問い合わせをした人数（問い合わせにはアバターを使って応じた）も測定対象としている。

大手家電量販店のベスト・バイは、ＢＳＮ（ブルーシャツネーション・ドットコム）というサイトを開設した。これは社員間で知識やベストプラクティス（模範とすべき事例）、不満、抱負、ジョークなどを共有するためのサイトだ。開設から一年で、登録者数は二万人となり、活発なやりとりが行われている。ところが、ＢＳＮの発起人たちは、「このサイトはＩＴの専門家が構築したものではなく、コードや設計にも専門家は関わっていない。経営陣の強い後押しがあったわけでも、社内ネットワークと連携させているわけでもない。普通に考えれば、成功するはずのない試みだった」という。

ＢＳＮは社員に大きな影響も与えた。たとえば４０１ｋ（確定拠出型年金）への加入者を増やしたいと思っていた同社は、ＢＳＮ上で４０１ｋのメリットを伝える動画を投稿させて競わせる「４０１ｋチャレンジ」というコンテストを開催した。それが社内で大きな話題となり、加入率が三〇パーセント増加した。約四万人が新たに加入したことになる（詳しくはwww.garykoelling.com/node/370を参照）。

イメージ

自分たちの伝えたいメッセージを広めることを第一に考えている企業は多いが、コミュニケーション活動で最も重視すべきはイメージの管理である。ネット上では、誰の感情や意見であろうとすぐに見つけることができるうえ、それらはずっと残るからだ。管理するには基準が必要だ。今現在世間に抱かれているイメージを知ることで正確な基準ができる。そうすることが、エンゲージメントを生む機会にもなる。

ブランドイメージの現状を知るために、グーグル・ブログ検索、ツイッター検索などのサービスを使ってキーワードを検索しよう。そしてキーワードの登場回数を数え、会社にとってプラスとなる話題で登場するのか、マイナスとなる話題で登場するのか、どちらでもない話題で登場するのかを把握しよう。

その際に重要なのはキーワードの選定だ。それは、ブランドに関係する話題がたくさん拾える言葉でなければならない。自分が使いそうなキーワードだけでなく、顧客が使っていそうなものも含めること。たとえば、「最悪」「ひどい」は非常によく使われる言葉だ。だから、「会社名 最悪」「ひどい　商品名」などの組み合わせで検索をかける。実際にそういう調査をしている企業は多い。また、競合他社でも同じ検索をして比較するとよい。

最近の調査で、フォーチュン・グローバル500企業の三分の一が、自社に憤りを表すサイトの名称（たとえば「www.Xcompanysucks.com」や「www.ihateXcompany」など）を買い上げていることが判明した。ITコンサルティングのフェアウィンズが、フォーチュン・グローバル500企業の社名に「最悪（sucks）」などの言葉のついた一〇五八のドメイン名を調査したところ、三五パーセントがその企業のものとなっていたのだ（ウォルマート、コカ・コーラ、トイザらス、ターゲット、ホール・フーズなど）。

だが、誰にも所有されていないドメイン名も四五パーセントあった。ドメインを取得し、その名称を逆手にとって会社のよさを伝えることに利用している企業もあるが、一切利用していない場合も多いということだ。ゼロックスは嫌な言葉のついたドメイン名を二〇近くも所有している。一方、デルはそうした対策を一切講じていない（コミュニケーションのソーシャル化に積極的なデルにしては、少々意外である）。

登録、コミュニティでの活動

ソーシャルコミュニティに参加してブランドのよい評判や信頼関係を築くだけでなく、ウェブマーケティングとも連携すれば、ここでもＰＲの成果（成否）が測定できる。

それには、自社サイトの担当チームとの協力が不可欠だ。情報、コンテンツ、オススメなどを求めてサイトにやってきた人が、長く滞在したくなるサイトをつくるのだ。

新商品を発表するときは、事前にその商品を見せておいたほうが興味を持ってもらいやすい。商品サイトを開設し、登録した人だけに、延長保証、Ｔシャツ、割引クーポンなどの特典を用意するとよい。また、商品のデモンストレーション動画をアップしてコメントを募集するなど、ソーシャルツールも充実させよう。ツールを揃えるのに大したコストはかからない。コミュニティ、アプリケーション、動画、ウィジェット、ブログなど、たいていのものは数百ドル程度で準備できる。

以下、自社サイトや関連コミュニティの利用を高める方法をまとめておこう。

●経営者や顧客、インフルエンサーのインタビューを、ユーストリームなどのサービスを使い、ライブストリーム（動画中継）で配信する。

●ユーチューブなどの動画共有サイトに専用チャンネルを設定し、新商品の予告、使い方のヒントなどの動画を流す。ホーム・デポの「HomedepotTV」、9章で紹介した「Will It Blend?」などを参考にするとよい。

●ダウンロード／コピー&ペーストできるアプリやウィジェットを作成し、SNSのプロフィールやブログ、ウェブサイトなどに組み込んでもらう。スカルキャンディは「スティーラブル」（メディアフォージが開発したウィジェット。ウェブページやSNSのプロフィールページ、ブログ記事などに組み込み可能）を、プロレス団体WWEは最新情報を配信するウィジェットを、コンタクトレンズのアキュビューはウィンクを送れるアプリを提供している。

●バーチャル世界を提供してコミュニティを形成する。加工肉ブランドのスリム・ジムはスパイシーサイド・ドット・コム（Spicyside.com）を、ディスカバリーチャンネルは建設現場で働く人々を追ったドキュメンタリー「LAハード・ハッツ」のヴァーチャルサイトを、コカ・

コーラはセカンドライフでコンテストを開催して話題を集めた。

●人気の高いSNSでファンページやグループを立ち上げる。ホンダのアキュラTSX、クレストの歯磨きホワイトリップス、ヴィクトリアズ・シークレット、旅行雑誌のコンド・ナスト・トラベラーズはフェイスブックにファンページを開設している。フォードは同じくフェイスブックで学生を対象としたグループを、ジープはマイスペースにコミュニティサイトを開設している。

●製品やサービスのよさを手軽に実感してもらえるアプリケーション（マッシュアップ・アプリケーション）を作成する。たとえば、ナイキはジョギングルートを検索できるアプリ「ランニング・ルート・ファインダー」を、投資信託グループのフィデリティは利率の確認や当座預金の照会ができるアプリを提供している。

●プレゼントキャンペーンで投稿を募る（投稿作品は大々的に公開し、話題になるような商品をプレゼントにする）。スナック菓子のドリトスは、スーパーボウルで流すCMを公募して話題になった。

●商品について意見交換するコミュニティを運営する。改善点を提案してもらい、そこで交わされた議論を開発に生かす。セールスフォース・ドットコムの「アイデアエクスチェンジ」、デルの「アイデアストーム」、スターバックスの「マイ・スターバックス・アイデア」、モジラの「ゲットサティスファクション・ドットコム」などが有名だ。「ゲットサティスファクション・

ドットコム」のようなコミュニティは、どの会社も設置すべきだ。

●自ら情報発信するコミュニティサイトやSNSを運営する。会社やブランドに関係する話題や進行中のプロジェクト、イベント、キャンペーンなどについて定期的に情報を提供し、会話を促す。ナイキの「ジョーダン・トレーニング・プログラム」、クリネックスの「レット・イット・アウト」、ベスト・バイの「ブルーシャツネーション・ドットコム」、カーニヴァルの「コネクションズ」、フジフィルムがニングに開設した「Z2ofd」、HSBCの起業家を対象とした「ビジネス・ネットワーク」、インテルの「ソフトウェア・ネットワーク・コミュニティーズ」、ジープのファン向けSNSなどがこれに相当する。

こうした活動の成果は、アクセス数、サイトに滞在した時間、リンクされた数、ユーザー登録数、キーワード検索で話題にされた数などから測定できる。

ウェブから効果を割り出す方法

PRはもはや、ウェブマーケティングの域に入っていると言っていい。PRの成果を測定するにも、何かを学ぶにも、新たな進化を遂げるにも、ウェブマーケティングとの連携が欠かせない。PR戦略のROIも、ウェブ活動を分析すれば手軽に測定できる。

ウェブ解析

多くの企業は、訪問者に喜ばれるサイトに改良すべく、ウェブ解析ソフトで訪問者の動向を調べている。そこには必ずしもＰＲは絡んでいない。分析ソフトでは、次のようなデータが収集されている。

●新規訪問者の数、リピート訪問者の数（各訪問者の訪問回数と日時）、訪問者の総数
●どこを経由してサイトにたどり着いたか（トラフィックを参照）
●サイト内で訪れたページの順序
●サイトに滞在した時間
●実行された処理、実行されなかった処理
●登録者や購読者の数

ウェブ解析ツールにはさまざまなものがある。グーグルが無料で提供するグーグル・アナリティクスに登録している企業も多い。無料といっても優れたツールは多く、必要なデータを収集するだけでなく、それを使って独自に分析できるものまである。解析ツールで収集した情報があれば、サイト上での顧客の動向を手軽に分析することができる。

また、有料のサービスもある。有料サービスでは総合的な解析が可能になるうえ、集めたデー

タからあらゆる顧客の動向を詳細に分析した報告書を作成してもらえる。

無料と有料のサービスの違いを検討して自分に合ったものを選ぶとよい。

自社サイト以外で分析

オンラインの調査とは別に、「オフサイト」の活動や競合他社のトラフィックが分析できるツールやサービスもある。それらを使えば、自社サイト以外のトラフィック、訪問者数、トレンドを把握して自社サイトと比較できる。また、ファンページや交流サイト、SNS内のグループなど、会社の運営ではないが関係のあるコミュニティも分析の対象にするとよい。

目標設定と成果測定

ソーシャルメディアを活用するうえで、エンゲージメントはPRの成果の指標になるだけでなく、販売、ブランディング、製品開発、カスタマーサービスなど、ありとあらゆるものに影響を及ぼす。もはや、エンゲージメントを意識しないわけにはいかない。会社やブランドのイメージは、社員一人ひとりの言動が大きく影響する。だからこそ、エンゲージメントの増大に尽力すると、会社の評判はよくなり、ひいては新規顧客、信頼、賞賛がもたらされる。何より、消費者とブランドの間に絆が生まれる。

ただし、まずは何をもって「成功」とするかを定めることが肝心だ。それを決めるには調査が欠かせない。自分にとって大切なものを見つけたいとき、人はまずネットで検索するが、調査もそれと同じだ。ネット上の会話に耳を傾ければ、すぐさま調査の対象にすべきものが見えてくる。たとえば次のようなものがそれにあたる。

- ●情報や助けを求める問い合わせ
- ●自社ブランド、商品、競合他社に関する問いへの返答
- ●意見や感想
- ●提案
- ●不満
- ●競合他社を賞賛する声
- ●自社に関する内容や市場に関する情報に対する返答

ピックアップすべき会話の種類を抜き出し、それらを記録しながら観察していけば、評価対象となる会話を正確に追跡し、同時に適切な対応もできるようになる。しかし、そうなるためには、次の手順での下準備が必要だ。

ステップ①社内の経営陣や幹部が重視するポイントを確認する。

ステップ②そのポイントに基づいて、会社の現状を把握し、競合他社の状況をはじめ比較すべき対象と自社を比較する。

ステップ③比較したデータを他の部署と一緒に検討しながら、ＰＲ活動を通じて達成可能な目標を定める。目標は、次の例のように具体的であること。

- ●ユニークビジター数を○人まで増やす。
- ●サイト訪問者が購入する割合を、○パーセントから○パーセントに上げる。
- ●サイト登録者を○人まで増やす。
- ●サイトでの新規顧客や売上げを○まで伸ばす。
- ●会社にとってマイナスとなる会話、どちらかはっきりしない会話の合計を○パーセント減らし、プラスとなる会話をそのぶん増やす。
- ●会話の総数を○パーセント増やす。
- ●サイトやブログがリンクされる数を○パーセントまで伸ばす。
- ●ブログの読者層を○にも拡大する。

ステップ④目標を定めたら、達成に必要なアクション、ツール、計画を逆算して決める。たとえば、一定期間内で商品の紹介記事の反応を知りたいなら、ヒット数を測定しなくても、サイトを訪れた人の言動から、伝えたいメッセージがどの程度伝わっているかを評価できる。

ステップ⑤ステップ④で定めた活動にかかるコストを算出し、その他のブランディング活動（広告、後援、展示会、講演、過去のPR活動など）にかかるコストと比較する。どちらの活動の影響力が大きいかを判断するには、参加にかかるコストで比較する。参考までに、目標、アクション、計画、ツール、測定方法の例をあげておこう。

●目標：マイナスとなる会話、プラスでもマイナスでもない会話を○パーセント減らし、そのぶんプラスとなる会話を増やす。

●アクション：業界に関連する話題を積極的に取り上げているブロガーを探し、全員に連絡をとって有意義な情報を提供することで彼らの関心をひく。マイナスとなる会話の内容を詳しく調べて改善策を決め、その会話の発言者に提案する。

●計画：競合他社の商品と自社商品について、社内で勉強会を開く。顧客の抱える問題に対処するときの方針を見直す（なければ新たに作成する）。製造工程や流通過程を見直し、顧客の不満を改善する。ブロガー、メディア、インフルエンサーとの関係を育むための計画を作成する。ソーシャルネットワークに参加し、自社に関する会話に積極的に関わっていく。

●ツール：グーグル・アラート、テクノラティ、グーグル・ブログ検索、ツイッター検索、エクセル（スプレッドシート）、ウェブ解析。

●測定方法：会話の内容を一カ月ごとにまとめ、プラスとなる会話、マイナスとなる会話、どちらかはっきりしない会話に三分類して過去の記録と比較する。ソーシャルネットワークに参加しはじめてからのトラフィックと、それ以前のトラフィックも比較分析する。また、話題になる頻度ややりとりの量を競合他社と比較する（どちらのほうがより話題になっているかが見えてくる）。

人々に関心を持ってもらい、企業やブランドに対して正しい認識を持ってもらうためには、今までになかった方法や取り入れづらかった方法で成果（成否）を測定しなければならない。ＰＲ戦略を数値化し、その有用性を正当に判断するには、これまでとは違った測定方法が必要なのだ。

パートV 挑戦は続く

19 PRの未来は明るい

本書もいよいよ終わりが近づいてきた。ここまで紹介してきたアイデアや経験、教訓、事例が、この先みなさんの役に立つことを切に願う。

変化を受け入れ、新しいことを学んで成長しようという気持ちを持ちつづけていれば、PRは次第に従来の役割を超越した新たな役割を担うようになる。今日の自分が明日の自分を作っていくのだ。

これからのPRでは、インフルエンサーのニーズを理解し、満たすことが求められる。彼らはあなたの会社やキャンペーンのことを世間に広めて成功に導いてくれる、大切な存在だ。

今後、PR2・0はもう古いと言って、PR3・0や4・0を提唱する専門家も出てくるだろうが、2・0以降の数字に意味はない。予想だにしないことが起こってPRのあり方が根本から変わりでもしないかぎり、2・0以上の数字を使って区別する必要はない。

我々がPRの一つの区切りとしてPR2・0を提唱したのは、この一〇年でライフスタイルが根本的に変わり、それに伴いPRも変化を余儀なくされたからだ。インフルエンサーや利害関係者とのコミュニケーション法、あるいはソリューションが新しくなるたびに番号を振る必要はない。今後もテクノロジーは進歩しつづけ、私たちが何かを学びつづけることに代わりはない。

PR業界が直面している危機

何度も述べたように、PR業界には悪評の嵐が吹き荒れているが、その悪いイメージを一掃したいなら、まずは次のような印象を抱かれていることを改めて認識する必要がある。

- PR会社は「わかってない」。
- PRは大げさなことやウソを並べ立て、記事を「鵜呑みにさせよう」とする。
- PR対象のことを本当にわかっている人を、都合のいいように操ろうとする。
- 奇抜なことやイベントで注目を集めようとする。
- データベース検索で抽出した連絡先に、手当たり次第にメッセージを送りつける。
- 人間関係よりもツールを重視している。
- 顧客やインフルエンサー一人ひとりに目を向けず、「オーディエンス」としてひと括りに扱う。
- 下調べをしない。

●成果を測らない。

厳しい言葉が並ぶが、いずれもＰＲ関係者が自ら招いたことだ。

人は生き残るために必要だと実感しなければ、なかなか変わろうとは思わない。ＰＲ業界もそうだった。だが今や、変わらなければ時代から取り残されるところまで追い込まれている。そのことに気づいたのは、ソーシャルメディアが登場し、ＰＲが声高に非難されるようになってからだった。そして、ＰＲ業界がそうした意見に対して自衛策をとれるようになったのも、やはりソーシャルメディアが登場してからである。

失った信用を取り戻すチャンスはいくらでもある。行き詰まったということは、転換点に達したということでもある。つまり、ＰＲがどう変わるべきかを学び、変わろうとしていることを実証するときなのだ。

確かに、乗り越えねばならないハードルはたくさんある。まだまだ学ばねばならないことも多い。この先間違いを犯すことも出てくるだろう。だがそれでも、本書を手にとっている時点で、あなたは影響力を与えることのできる知識豊かなＰＲ担当への第一歩を踏みだしているのだ。すべてはここから始まる。ＰＲ業界の課題を抜き出して、自分の改善すべき点をリストにまとめてみてほしい。そして、本当の意味でのＰＲを実践しよう。

あなたは何を目指すのか

今後ウェブはますます大きな影響力を持ち、コミュニケーションの仕組みを変えつづけていくだろう。何十年ものあいだ、メディア業界、マーケティング関係者、インフルエンサーは入手した情報を独占していたが、今に情報を共有する割合のほうが増え、同じ一本の軸を回る「仲間」だと互いに意識するようになる。影響力の大きさや影響力を与える力はマスメディアに偏っていたが、その偏りはなくなりつつある。これからは、顧客の関心と信頼を集めねばならない。そのためには、彼らがコミュニケーションや情報交換で使う言葉やツール、ルールを踏まえたうえでコミュニケーションをはかる必要がある。

人々との関わりを深め、彼らが求めていることを理解し、彼らの役に立つ情報を信頼できるかたちで提供することで、あなたは「メディア」を手にできる。自分から積極的に人々の会話に加わっていき、彼らとのつながりが強まれば、自分がメディアとなって影響力を与える存在になれるのだ。

PRの未来はすぐそこまできている。その未来は、「PR担当としてすべきこと」で決まるのではなく、「自分がどうなろうとするか」で決まる。PRの長期目標で何を一番重視するか、クライアントの関心をどこに向けさせるかといったことを決めるのは、PR担当である。上司や経営陣が、インフルエンサーと会話を持つ時代がきたことを認めたがらないせいで身動きがとれないなら、自分のやる気と能力を発揮できる場所をほかで探したほうがいい。

ソーシャルメディアが普及し、とうとうPRに「P（パブリック）」を戻せるチャンスが訪れた。まずは内側から変わらねばならない。すべては、居心地のいい場所を捨て、従来のPRの枠にとらわれない役割を担いたいと願うことから始まるのだ。

次世代のPR担当は、コミュニケーション、傾聴、交流の仕方を改めて学び直したうえで、次の分野にも精通する必要がある。

- ウェブマーケティングとウェブ解析
- バイラルマーケティング
- カスタマーサービスと顧客関係管理
- ソーシャルツール
- フォーカスグループとマーケット監査
- 文化人類学
- 市場分析

そして何より、情報の検索や共有を推進し、つながりたい人たちと同じようにコンテンツを作成・公開しなければならない。PR担当として、かつ一個人として人々とつながるには、そうする以外に道はない。

つながりを持ちたい相手は「人」である。だから、PR担当ではなく、一人の人間になる必要がある。以前ならPR関係者の間でしか話題にしなかったようなことを、顧客やインフルエンサーをはじめとする利害関係者たちも当たり前のように話題にするようになってきた。だから、無駄な情報は一切与えずに強いインパクトを残すことを意識しなければならない。スパムではなく、一対一のコミュニケーションを。トップダウンではなく、ソーシャルツールを使った伝達を。伝えたいメッセージを一方的に送るのではなく、相手にとってのメリットをつねに意識しよう。信憑性のないセールストークではなく、相手が関心を持つ話をしよう。

人材と資金について

次世代のPRでは、PR活動をチェックするメンバーも加えたほうがいい。コミュニティマネジャーのような職務をPR部門内に設けて、会社に関係する会話の追跡やそうした会話が生まれるきっかけをつくったインフルエンサーの特定のほか、PR活動の効果測定に必要な数値の記録も担当させるのだ。

PR業務は手作業でしかできないことが大半である。効率的に情報の収集や分析をしたいのは山々だが、そこまでできるツールはほとんど存在しない。ここ数年、インルエンサーの特定や調査、記事の送付などをツールに依存した結果、自分は何もしなくていいと勘違いする人が増えた。

ツールに頼りすぎると、自分の視点が持てなくなり、現実や人とのやりとり、世間の評価がわからなくなってしまうことが多い。PRのよさや必要性をわかってもらうには、PRのROIを算出してその正当性を証明するしかない。従来にはなかった活動や定義しづらい活動ほど、ROIで実証することが大切だ。

新しいPRのあり方を定着させるには、物事に対するアプローチを変えることがカギとなる。そのためにはある程度の資金も必要だ。既存の予算から割り当てるか、新たに予算を計上することになるだろうが、いずれも必要経費になる。大手・中小にかかわらず、どんなPR会社でも、既存のサービスを続けつつ新たなPRの仕事（ソーシャルメディアを使って人々と接し、その成果を測定すること）にも取り組めるよう、資金繰りを調整すべきだろう。

人材を補充するなら、ソーシャルツールを使いこなせる人が望ましい。ソーシャルツール、オンライン検索、測定ツール、測定結果をソフトを使って表やグラフにできる人ならなおよい。会話のリサーチや測定などの仕事は、PRやマーケティングでのキャリアアップを求めない人のほうが適している。そういう仕事で得た経験は、人と接するよりもデータを扱うことを好む人にとって将来の財産になるだろう。

新時代を拓く

ソーシャルメディアは、フェイスブック、ワードプレス、ツイッター、マイスペース、ユーチューブなど人気の高いサービスがすべてではない。ネット上での会話は追跡しつくせないほどの広がりを見せているが、いつどこで自分に関係する会話が起こるかが把握できなければ意味がない。

そこでソーシャルメディアマップの登場である。これは、メディアの性質、カルチャー、テーマによって会話を分類し、それぞれの会話の量、範囲、広がり方を図で表し、相関関係が一目でわかるマップだ。ネットで探せば簡単に見つかるので、ぜひチェックしてもらいたい。

そうしたマップから覗いてみたいSNSを見つけて、検索ボックスにキーワードを入れて検索しよう。そうすれば、自分に関係する会話が起こっている場所が正確に特定できるばかりか、話題の範囲、会話に参加している人数、会話を目にした人数、会話の頻度まで把握できる。会話が起こっていた（いる）場所を図で表せば、独自のソーシャルマップが完成し、観察や参加が必要なSNSが一目でわかるようになる。

会話に耳を傾けたり、会話が起こっている場を観察したりするのは、そのコミュニティのしきたりやルールを理解するためだと言っても過言ではない。しっかりと観察することで、各SNS独自のしきたりを破ることなく誠実なやりとりができるようになる。

最後におさらいを兼ねて、会話に参加するまでの基本的な流れをまとめてみた。会社の業種や参加の目的によってはこの流れのとおりにはいかないだろうが、その際は必要に応じて変更や調整をすればよい。忘れないでほしい。すべてはあなたから始まるのだ。

①観察する：ターゲット市場が形成するコミュニティとその文化を観察する。
②耳を傾ける：自社ブランドに関係する重要な会話を探して関心を向ける。
③特定する：自社ブランドに関する会話が頻出するコミュニティやネットワークを特定する。
④学ぶ：自社に寄せられた意見や自社に関する会話を詳細に分析して学ぶ。
⑤社内で情報を共有する：入手した情報を社内の適切な部署（カスタマーサービス、マーケティング、PR、コミュニティ管理、総務、危機管理、製品開発など）に伝達する。
⑥処理する：製品／サービスの改善点や変更が必要な点がないか確認する。
⑦参加する：顧客、コミュニティの住人、利害関係者、インフルエンサー（いずれもオンライン、現実世界の両方を含む）とのつながりを築く。
⑧フィードバックや意見を提供する：自社にとって重要なコミュニティで行われる会話を継続的に観察して内容を把握し、彼らにとって有益な情報を積極的に提供する（これが人間関係の維持構築であり、有益な情報源となる道である）。
⑨繰り返す：①～⑧を継続して行う。

繰り返そう。ソーシャルメディアへの参加は、ツールの使い方を理解すればいいというものではない。オンライン、現実世界の両方で、人々との関係を築いて育んでいくことがあなたの使命であり、そうした関係を育むためには、相互に価値やメリットがなければならない。ソーシャル化した社会では、人間関係が「通貨」となる。

今こそ「人々《パブリック》」のためのPRを取り戻すときだ。そのためにも、かつて無視してきた人々の声に注目しなければならない。彼らの声は間違いなく存在し、増殖を続けている。

企業のコミュニケーションは変わらねばならない。これからは、コミュニケーションを通じて人々に対する賞賛、尊敬、感謝の気持ちを明確に態度で表そう。揺るぎない信念を持ってソーシャル化の知識とスキルを提供していこう。

そうして、人々にとって価値ある存在となろう。

この度はお買上げ
誠に有り難うございます。
本書に関するご感想を
メールでお寄せください。
お待ちしております。

info@umitotsuki.co.jp

新《あたら》しいPRの教科書《きょうかしょ》

ソーシャル時代《じだい》に求《もと》められる「知《ち》」と「技《わざ》」

2011年3月26日　初版第1刷発行

著者　ブライアン・ソリス
　　　ディアドレ・ブレーケンリッジ

訳者　花塚《はなつか》 恵《めぐみ》

装幀　重原 隆

編集　藤井久美子

印刷　中央精版印刷株式会社

用紙　中庄株式会社

発行所　有限会社海と月社
〒151-0051
東京都渋谷区千駄ヶ谷2-39-3-321
電話03-6438-9541　FAX03-6438-9542
http://www.umitotsuki.co.jp

定価はカバーに表示してあります。
乱丁本・落丁本はお取り替えいたします。

ISBN978-4-903212-24-1